El camino hacia la verdad

El camino hacia la verdad
11-M-2004

Jesús Carmelo Bernabeu Baeza

Olibros
en red
www.librosenred.com

Dirección General: Marcelo Perazolo
Dirección de Contenidos: Ivana Basset
Diseño de cubierta: Daniela Ferrán
Diagramación de interiores: Javier Furlani

Primera edición en español - Impresión bajo demanda

© LibrosEnRed, 2012
Una marca registrada de Amertown International S.A.

ISBN: 978-1-59754-913-4

Para encargar más copias de este libro o conocer otros libros de esta colección visite www.librosenred.com

Introducción

Soy un policía local a quien, aquel trágico jueves 11 de marzo de 2004, como a cualquier otro ciudadano de este país, aquel atentado le conmocionó por lo cruento, ya que se convirtió en el atentado terrorista más grave hasta la fecha, no solo en España, sino en toda la Unión Europea.

El viernes 12 de marzo de 2004, a las 19:00, 2,3 millones de personas se manifestaron en Madrid (población de 4 millones), bajo una lluvia intensa, gritando: "Todos íbamos en esos trenes", "No estamos todos: faltan 200", "España unida jamás será vencida" o "Asesinos, asesinos". De forma poética se decía que no llovía en Madrid, sino que Madrid lloraba. Nueve millones de personas se manifestaron en otras ciudades españolas, con lo que en total fueron 11,4 millones los manifestantes en toda España.

Se ha escrito mucho sobre los atentados del 11-M, lo ocurrido en aquel día y en días posteriores a la masacre. Se han publicado muchas investigaciones periodísticas al respecto, pero con la celebración del juicio, cuando empezaron a conocerse detalles sobre lo ocurrido, algunas de esas informaciones me resultaban contrarias al sentido común desde mi perspectiva policial, y fue a partir de ese momento, cuando comencé a interesarme por los hechos acaecidos aquel trágico día.

Por este motivo, he tratado de ser lo más objetivo posible, dejando a un lado lo escrito en investigaciones periodísticas, así como lo divulgado en diferentes medios de comunicación, a lo que he considerado como información de interés en uno de los apartados de este trabajo, realizando un profundo estudio sobre los **hechos probados** de la Sentencia 65/2007 dictada por la Audiencia Nacional el 31 de octubre de 2007.

Los hechos probados de una sentencia son lo jurídicamente relevante, son los elementos y pruebas que dan convicción a las razones que justifican el contenido condenatorio o absolutorio del fallo en una sentencia penal. Por lo que el estudio de estos ha sido mi principal pretensión y he llegado a numerosas contradicciones en tales hechos, algunas de ellas de suma importancia, las cuales describo en este trabajo, que detallo a continuación:

Auto de procesamiento

El martes 10 de abril de 2006, el magistrado de la Audiencia Nacional, Juan del Olmo, concluye que el atentado fue inspirado, pero no ejecutado, por la red Al-Qaeda, justificando la acción en la participación española en la guerra de Iraq.

El juez instructor determina la existencia de dos grandes redes en la investigación. Una, que tuvo participación más o menos directa en los hechos y, otra, que habría intervenido en la huida de los reclamados y que, aparentemente, también presentaría conexiones con el entramado terrorista islámico en España, fundamentalmente con el GICM (Grupo Islámico Combatiente Marroquí). Ambas redes presentarían conexiones comunes, por diferentes individuos o puntos de contacto, todos ellos vinculados también al GICM, entendido máximo referente del Movimiento Salafista Yihadista en nuestro país.

Juicio por los atentados

El Juzgado Central de Instrucción número seis de Madrid instruyó Sumario con el número 20/2004 y, una vez concluido, lo remitió a la Audiencia Nacional (sección segunda) que, con fecha 31 de octubre de 2007 dictó sentencia número 65/2007, la cual fue impugnada por el Ministerio Fiscal, por dos asociaciones de víctimas y por particulares. Estos recursos fueron revisados por el Tribunal Supremo en vistas celebradas los días 30 de junio de 2008, 1 y 2 de julio del mismo año que, con fecha 17 de julio de 2008 dictó sentencia número 503/2008.

Contradicciones encontradas en los hechos probados de la sentencia 65/2007 dictada por la Audiencia Nacional el 31 de octubre de 2007

1 - Mina conchita

Toda o gran parte de la dinamita de los artefactos que explosionaron en los trenes el 11 de marzo de 2004 y toda la que fue detonada en el piso 1.º A de la calle Martín Gaite número 40 de Leganés, más la hallada durante el desescombro posterior a la explosión, **procedía de la mina Conchita**, sita en el paraje de Calabazos, en las inmediaciones del embalse de Soto de la Barca, término municipal de Belmonte de Miranda, Asturias, propiedad de la empresa Caolines de Merillés, S.A.

En septiembre de 2001, coincidieron en el Centro Penitenciario de Villabona (Asturias) los hoy procesados por esta causa **Rafa ZOUHIER**, que se encontraba en prisión por robos a joyerías por el procedimiento del alunizaje, y **Antonio TORO CASTRO**, como uno de los detenidos por la policía en la denominada "Operación Pipol", en la que se desarticuló una red de traficantes de droga en Asturias, y entablaron allí amistad.

Una vez en libertad, Antonio TORO CASTRO presentó a ZOUHIER a su cuñado **José Emilio SUÁREZ TRASHORRAS**, el cual había sido detenido en la misma "Operación Pipol" donde se desarticuló por la policía una red de traficantes de droga en Asturias.

Rafa ZOUHIER fue captado como confidente por la Unidad Central Operativa de la Guardia Civil durante su estancia en prisión. En noviembre de 2001, recibió en esta cárcel la visita de los miembros de ese cuerpo con tarjeta de identificación profesional (TIP) número I-11326-U y F-60598-R, que usaban los sobrenombres de "Rafa" y "Víctor", los cuales tras convencerle de que colaborara con ellos, se convirtieron en sus contactos, lo que en argot se denomina "controladores" del confidente.

A finales de enero o primeros de febrero de 2003, Rafa ZOUHIER puso en conocimiento de los guardias civiles reseñados que Antonio TORO CASTRO se dedicaba a traficar con explosivos, que tenía 150 kg para vender y que se los proporcionaba su cuñado, José Emilio SUÁREZ TRASHORRAS, que había trabajado en la mina.

Esta información fue valorada por los agentes de la autoridad como fiable y contrastada.

Una vez evaluada la información, los miembros de la Guardia Civil pidieron a ZOUHIER que les consiguiera una muestra del explosivo, por lo que el procesado hizo creer a Antonio TORO CASTRO y a José Emilio SUÁREZ TRASHORRAS que tenían unos posibles compradores en Madrid y logró, de este modo, que el 20 de febrero de 2003 le entregaran un tarro pequeño de cristal con un poco de explosivo plástico que hizo llegar a sus "controladores" y que estos , tras obtener la opinión de un compañero experto en explosivos, destruyeron sin hacer un análisis de su composición.

ZOUHIER no volvió a hablar de explosivos a la Guardia Civil hasta después del 11 de marzo de 2004, a pesar de que estaba haciendo labores de intermediación para el suministro de detonadores y explosivos entre el grupo de **Jamal AHMI-DAN** (alias "El Chino") y SUÁREZ TRASHORRAS.

De lo relatado anteriormente en los hechos probados de la sentencia, describo a continuación las **contradicciones encontradas**:

La primera de las contradicciones surge en las primeras líneas, cuando los hechos probados afirman que toda o gran parte de la dinamita de los artefactos que explosionaron en los trenes el 11 de marzo de 2004 y toda la que fue detonada en el piso 1.º A de la calle Martín Gaite número 40 de Leganés, más la hallada durante el desescombro posterior a la explosión, **procedía de mina Conchita**.

El Reglamento General de Normas Básicas de Seguridad Minera, aprobado por Real Decreto 863/1985, de 2 de abril, en vigor en aquellas fechas, establecía, en su artículo 135, la obligatoriedad de la llevanza de un libro-registro en todas las explotaciones y obras donde se consumieran explosivos. Este libro-registro se llevaría al día, con entradas, salidas y existencias.

Asimismo, el Reglamento de Explosivos, aprobado por Real Decreto 230/1998, de 16 de febrero, en su artículo 203 y siguientes, aludía a la obligación de que en las instalaciones autorizadas para la venta de explosivos, así como en las fábricas de estos, se consignaran en un libro-registro todas las entradas y salidas de este tipo de sustancias.

Aunque en la citada instrucción se establecía que el Libro-Registro quedaba modificado, en el sentido de incluir los números de control de los productos explosivos, la Disposición Derogatoria del Real Decreto 230/1998 derogaba en bloque el anterior Reglamento de Explosivos aprobado por

Real Decreto 2114/1978, de 2 de marzo, en el que se contenía el modelo de Libro-Registro sobre el que operaba la modificación expuesta. **Ello generaba una situación de incertidumbre que era necesario afrontar, aprobando una norma que precisara claramente cuál era el formato que debía reunir este tipo de registro documental, así como la regulación del modelo de Libro-Registro que permitiera a los usuarios de explosivos recoger todas las circunstancias relacionadas con la utilización de estos.**

Se trataba, pues, de desarrollar tanto el Reglamento de Explosivos como el Reglamento General de Normas Básicas de Seguridad Minera, incluyendo el formato de los modelos documentales que las instalaciones y las explotaciones y obras que utilizaran explosivos debían obligatoriamente llevar **para posibilitar un control efectivo de este tipo de sustancias.**

En esa línea, fue aprobada la Orden del Ministerio de la Presidencia 2426/2004, de 21 de julio, con su entrada en vigor el 15 de septiembre de 2004, por la que se determina el contenido, formato y llevanza de los libros-registro de movimientos y consumo de explosivos.

En dicha norma, se regula el contenido, formato y llevanza del Libro-Registro en cuestión, así como del **Libro-Auxiliar, dependiente de aquel, en el que deben incluirse de manera pormenorizada, los movimientos de productos explosivos en función de su tipología.**

Sobre los explosivos, abarca tanto su fabricación, almacenamiento y utilización como a las empresas que desarrollan dichas actividades. Esta norma encuentra una finalidad esencial **en el perfeccionamiento de los instrumentos de control sobre este tipo de sustancias.**

En lo referente a los libros-registro de movimientos de explosivos, la citada norma establece que, en todas las instalaciones donde se fabriquen, almacenen y vendan explosivos, se llevará un libro-registro en el que se consignarán diariamente las entradas y salidas de las sustancias explosivas, **así como un libro-registro auxiliar**, en el que se precisarán los asientos del Libro-Registro principal, en función de cada clase de producto.

En lo que respecta al Libro-Registro de consumo de explosivos, dicha norma determina que, en todas las explotaciones y obras en las que se consuman explosivos, deberá llevarse un libro-registro específico, en el que se consignarán diariamente las entradas, salidas y existencias, **así como los datos de identificación del material, del efectivamente consumido y del sobrante, y de todo el personal que ha intervenido en el proceso.**

Además de lo dispuesto anteriormente, cada día que se consuman explosivos, los responsables de cada equipo de trabajo o voladura que se designen específicamente al efecto deberán completar y firmar un **acta de uso de explosivos**.

En cuanto a la responsabilidad de los libros-registro y actas, el responsable efectivo de la instalación donde se fabriquen, almacenen o vendan explosivos designará a la persona encargada de la llevanza de los libros-registro de movimientos. Por su parte, el director facultativo de la explotación o de la obra designará a la persona encargada de la llevanza del Libro-Registro de consumo, así como de las actas de uso de explosivo. Estas designaciones deberán comunicarse a la Intervención de Armas y Explosivos de la localidad a la que esté adscrita la instalación o explotación, así como al Área Funcional de Industria y Energía de la Delegación del Gobierno correspondiente.

Para finalizar con dicha orden, se determina que, mensualmente, los responsables de los libros-registro y actas descritas remitirán estas a la Intervención de Armas y Explosivos de la localidad a la que esté adscrita la instalación o explotación, así como al Área Funcional de Industria y Energía de la Delegación del Gobierno correspondiente los referidos a consumo de explosivos. Dicha documentación estará en cualquier momento en la instalación o explotación a disposición de las Fuerzas y Cuerpos de Seguridad del Estado.

En un auto del juez Juan del Olmo, con fecha 19 de julio de 2004, como instructor del sumario por los atentados del 11-M, en lo referente a las investigaciones sobre la procedencia de los cartuchos de dinamita goma 2 ECO, hallados en el piso de Leganés, figura lo siguiente:

La Guardia Civil, a quien se encomienda la investigación de la procedencia de las sustancias explosivas y detonadores, inicia sus actuaciones, realizando diversos informes sobre la procedencia de los materiales antedichos y de las personas que, en dicha materia, podían haber intervenido. Finaliza, en cuanto al origen de las sustancias explosivas, con el informe presentado el día 1.º de junio de 2004, ante el Juzgado Central de Instrucción número seis de Madrid, cuyas conclusiones son las siguientes:

La llegada de envíos de explosivos con las numeraciones halladas en Leganés, desde el depósito de Columbiello hasta el depósito de Valdellano (Canela Seguridad), se produjo en las siguientes fechas y cantidades:

- 15 de enero de 2004 – 500 kg con la numeración 044E071.
- 03 de febrero de 2004 – 1050 kg con la numeración 044E151-152.

- 06 de febrero de 2004 – 500 kg con la numeración 033N212.
- 12 de febrero de 2004 – 500 kg con la numeración 033N212.
- 18 de febrero de 2004 – 1050 kg con la numeración 033N212.

Todas las numeraciones de cartuchos encontradas en el piso de Leganés llegaron al depósito de Valdellano (Canela Seguridad).

Los explosivos procedentes del depósito de Columbiello (Asturias), al llegar al depósito de Valdellano (Canela Seguridad), **en este almacén no se tomaban las referencias de los palés que entraban ni las referencias del material que se enviaba a las explotaciones consumidoras.** El procedimiento habitual para dar salida al producto era rotativo, es decir, se iba dando salida al palé más antiguo, quedando en existencias el último en llegar.

Por tanto, al no existir un control riguroso de las numeraciones del explosivo que fue enviado a Mina Conchita desde el depósito de Valdellano, *no se puede afirmar con absoluta certeza* **que los cartuchos hallados en el piso de Leganés, con las numeraciones investigadas, procedan de Mina Conchita.** A esto hay que añadir que otras muchas explotaciones, tanto en España como fuera del territorio nacional, han consumido cartuchos con las numeraciones investigadas.

Además, el ingeniero técnico de minas Roberto LÓPEZ, el cual ocupaba el cargo de director facultativo en la empresa Caolines de Merillés, propietaria de Mina Conchita, en su declaración en el juicio del 11-M, ante las preguntas del Ministerio Fiscal y de las Acusaciones Particulares, manifestó textualmente lo siguiente:

. **Que por aquel entonces, no era obligatorio recoger la numeración de las cajas que venían de Canela Seguridad. Eso fue con posterioridad, cuando cambió la ley en septiembre de 2004. A partir de esa fecha, ya había que coger el número de lotes de las cajas y de los detonadores.**

. Que cuando se recibía la mercancía que llegaba de Canela Seguridad, se entregaba la guía de circulación en la que, por ese entonces, solo constaba la cantidad y el tipo, si eran detonadores eléctricos y el explosivo era goma 2 ECO. **Pero no constaba la numeración de los explosivos en esa guía. Eso empezó a anotarse con posterioridad, cuando cambió la ley.**

Por lo tanto, podemos concluir que todo lo citado anteriormente está en plena concordancia con la falta de instrumentos de control sobre ese tipo de sustancias explosivas, que existía en esas fechas con la legislación que se encontraba vigente y que motivó la aprobación y entrada en vigor, el 15 de septiembre de 2004, de la Orden del Ministerio de la Presidencia 2426/2004, de 21 de julio.

Por todo ello, existen serias dudas sobre la afirmación que se hace en los hechos probados de la sentencia, al decir que toda o gran parte de la dinamita de los artefactos que explosionaron en los trenes, el 11 de marzo de 2004, y toda la que fue detonada en el piso 1.º A de la calle Martín Gaite, número 40 de Leganés, más la hallada durante el desescombro posterior a la explosión, procedía de Mina Conchita.

La siguiente contradicción surge cuando, en el relato de los hechos probados, se hace referencia a la destrucción de ese explosivo plástico por los miembros de la Guardia Civil, sin hacer un análisis de su composición. Esa información había sido valorada como fiable y contrastada con el objeto de descubrir una red de tráfico de explosivos. Por tanto, una vez que habían conseguido lo que podía haber sido una prueba, resulta contradictorio que se destruyera el explosivo sin que se realizara ningún análisis sobre su composición.

Además, la UCO elaboró una nota informativa interna con fecha 6 de marzo de 2003, en cuyo tercer párrafo dice textualmente: **"Los asturianos pueden conseguir cantidades elevadas, pudiendo llegar a los 150 kg de explosivos"**.

Esta información fue facilitada por Rafa ZOUHIER a los agentes de la UCO (Unidad Central Operativa), que es una unidad orgánica de Policía Judicial de la Guardia Civil, con jurisdicción en todo el territorio nacional.

En la declaración del guardia civil con TIP N.º 60598, con el sobrenombre de "Víctor", como uno de los controladores de Rafa ZOUHIER, este, al ser preguntado por el Ministerio Fiscal y las Acusaciones Particulares sobre el motivo de por qué no mencionó este extremo en su primera declaración ante el juez del Juzgado Central de Instrucción número 6, su respuesta fue: **"Por olvido. Tal vez no se me preguntó en concreto sobre ese detalle y, evidentemente, se me pasó"**.

Resulta cuanto menos extraño que, habiendo elaborado la propia UCO esa nota informativa sobre los 150 kg de explosivos, reconociendo el propio agente en su declaración que solo elaboraban esas notas cuando la información era considerada importante y, además, habiéndoles entregado Rafa ZOUHIER una muestra del explosivo, no mencionara esa información ante el juez instructor del sumario. Sobre todo, si tenemos en cuenta que el citado guardia civil, en su declaración, también afirmó que dicha información había sido corroborada por otro colaborador policial, concretamente de la Unidad Orgánica de la Policía Judicial de Asturias, y se trataba de **José Ignacio FERNÁNDEZ DÍAZ**, alias "El Nayo", el cual les facilitó información sobre Antonio TORO CASTRO y su cuñado, Emilio SUÁREZ TRASHORRAS, coincidiendo con Rafa ZOUHIER en la cantidad de explosivos de la que disponían, así como les informó, al igual que ZOUHIER, de unos contactos que había mantenido Antonio TORO CASTRO en su estancia en la prisión de Villabona (Asturias) con unos jóvenes de la banda terrorista ETA, contactos que, según el propio ZOUHIER, fueron numerosos en el módulo ocho de dicha prisión, con los que había intentado llegar a alguna negociación para la compra del explosivo.

En la declaración del guardia civil 60598, con el sobrenombre de "Víctor", cuando es preguntado por las Acusaciones Particulares, del motivo por el cual esa información sobre unos miembros de ETA la mandan a Asturias y no así a la UC1, que es la unidad de la Guardia Civil encargada del tema de terrorismo y del tema de ETA, este responde: **"Habrá otros mandos que puedan responder mejor a esa pregunta. Yo no sé por qué motivo no se pasa esa información a UC1".**

El 5 de mayo de 2004, el director general de la Guardia Civil, **Carlos GÓMEZ ARRUCHE**, elaboró un informe remitido al secretario de Estado de Seguridad, **Antonio CAMACHO**, sobre las circunstancias de la colaboración del súbdito marroquí Rafa ZOUHIER con unidades de la Guardia Civil. Abrió una investigación interna para conocer las relaciones del confidente con los agentes de la Guardia Civil y si estos pudieron saber, antes de los atentados del 11 de marzo, que existía un tráfico ilegal de explosivos con destino a los terroristas del 11-M.

De todo lo expuesto en dicho informe, surgen una serie de contradicciones que detallo a continuación, con lo relatado en los hechos probados de la sentencia, así como con lo declarado por el guardia civil 60598, miembro de la UCO, con el sobrenombre de "Víctor", y las informaciones de los dos colaboradores policiales, Rafa ZOUHIER y José Ignacio FERNÁNDEZ DÍAZ, alias "El Nayo".

. En el informe consta que, de la investigación, se deduce que el confidente Rafa ZOUHIER **solo informó sobre este extremo** (refiriéndose al tráfico de explosivos), **después de ocurrido el atentado.** Ya ha quedado acreditado que ese hecho no es cierto, puesto que tanto en los hechos probados de la sentencia como en lo manifestado por el funcionario policial y la información facilitada por los dos colaboradores policiales, Rafa ZOUHIER hizo entrega a los agentes de la UCO, el 20 de febrero de 2003, de una muestra de explosivo y facilitó la información considerada por los propios agentes, como fiable y contrastada, de la cantidad de 150 kg de explosivos de la que disponían Antonio TORO CASTRO y su cuñado SUÁREZ TRASHORRAS.

. Según el informe, ya en los primeros días de 2003, en contacto con agentes de la UCO, según la información que facilita esta unidad, Rafa ZOUHIER comentó que tenía información sobre un individuo de Avilés que buscaba compradores para explosivos. Esta unidad, ante lo expuesto por Rafa, desplegó un vasto y extenso operativo policial, comprobando cada noticia que este facilitaba sobre el particular y, en consecuencia, se realizaron seguimientos, vigilancias y reconocimientos de lugares del entorno de las personas investigadas, **"del que no fue posible obtener ningún dato o hecho objetivo que pudiera corroborar la verosimilitud de sus manifestaciones ni ningún otro dato que tuviera entidad suficiente para poder instruir diligencias policiales de trascendencia penal". "Contando como único argumento con la credibilidad del testimonio, indirecto o de**

referencia, de Rafa ZOUHIER", y a fin de poder avanzar en las investigaciones, estas fueron puestas verbalmente y en detalle a la Fiscalía de Avilés que, **"ante la evidente ausencia de indicios distintos del testimonio de ZOUHIER"**, y pese a la aparente gravedad de los hechos que le eran referidos, se pronunció negativamente sobre la viabilidad del inicio de un eventual procedimiento penal.

En este procedimiento penal, bajo el control judicial, hubiera sido factible el empleo de medidas restrictivas de derechos fundamentales, tales como la intervención de teléfonos o la entrada y registro en los domicilios de las personas investigadas.

Precisamente, Rafa ZOUHIER hace entrega de esa muestra de explosivo el 20 de febrero de 2003 a los agentes de la UCO, días después de la entrevista que mantuvo Rafa con Antonio Toro Castro en Asturias y, en la que, según declaración del propio guardia civil de la UCO 60598, **no estuvo presente el cuñado de este, Emilio SUÁREZ TRASHORRAS**. Esta entrevista fue controlada por los agentes que tenían contacto con Rafa y estaban apoyados por un grupo operativo. Dicha muestra de explosivo entregada en un tarro de cristal es un hecho objetivo que, sin lugar a dudas, junto a la información de los 150 kg de explosivos, contenida en esa nota informativa interna de la UCO con fecha 6 de marzo de 2003, son indicios que corroboraban el testimonio de ZOUHIER y que hubieran sido suficientes para la iniciación de un procedimiento penal que no se llevó a cabo, no por la falta de indicios, sino por la ocultación de una información que ha quedado acreditada tanto en los hechos probados de la sentencia como en la declaración del propio funcionario policial.

Asimismo, consta en el informe que, **a petición del citado Rafa**, fue contactado por agentes de la Unidad Central Operativa

(UCO) de la Dirección General de la Guardia Civil en la prisión de Villabona (Asturias), ya que quería colaborar con información a cambio de poder mejorar su situación judicial penitenciaria. Pero, en su declaración, el guardia civil de la UCO 60598 afirma que conoció a Rafa ZOUHIER en la prisión de Villabona el 21 de noviembre de 2001, a través de otro colaborador (Mario GASCÓN ARANDA), que les ofreció la posibilidad de conocerle porque creía que podía serles útil para obtener información.

En dicho informe consta, al igual que en lo manifestado por Rafa ZOUHIER como respuesta al cuestionario elaborado por el diputado popular en la comisión de investigación del 11-M, Jaime IGNACIO DEL BURGO, que el mencionado confidente policial llevaba colaborando con las Fuerzas y Cuerpos de Seguridad desde hacía varios años. Primero, en Las Rozas, con el sargento Miguel Ángel, alias Jaime, consiguiendo información con su trabajo de seguridad en varias discotecas. Después, colaboró en Valdemoro y Tres Cantos para el teniente Oscar y el cabo Mario. Como fruto de sus informaciones, se desarticuló una red de traficantes de armas y atracadores de joyerías, y él llegó a cobrar, según el propio Rafa, casi 3000 € por los dos servicios.

Según Rafa, su estancia en la prisión de Villabona fue la primera vez que ingresaba en un centro penitenciario. Este afirma que, en aquella época, había muchos robos de joyerías en toda España, y los joyeros estaban molestos con el gobierno por la falta de seguridad. Manifiesta que consiguió infiltrarse en un grupo que iba a sus discotecas, que eran de Lavapiés, Vallecas y Caño Roto. Luego, fue a Asturias con ellos a cometer un robo. Eran seis y, entre ellos, estaba **Rachid AGLIF,** quien fue detenido en el peaje. Con su llamada a un taxi, dio su posición y, finalmente, fueron detenidos. El único que salió sin fianza fue Rafa. Estuvo cinco meses en prisión y salió el último para no levantar sospechas y, según manifiesta, después le buscaron los mismos guardias civiles para volver a Madrid.

En su declaración, el guardia civil de la UCO 60598 manifestó que, cuando conocieron a Rafa el 21 de noviembre de 2001, este estaba en la prisión de Villabona y les dijo que podía tener acceso o facilitar información sobre robos en joyerías. En concreto, esa información se la facilitó a otros miembros del Cuerpo que estaban en otra unidad y esta sí resultó con éxito.

Según el informe del director general de la Guardia Civil, Rafa ZOUHIER facilitó noticias que posibilitaron la iniciación y culminación de una primera operación policial, ejecutada a principios de 2002, en la que se consiguió la detención por efectivos de la Comandancia de Madrid de trece personas (entre ellos el propio informador) y la incautación de seis armas cortas, munición y droga a algunos miembros de la seguridad de locales de ocio y alterne de la capital. Por tanto, resulta extraño que, según la declaración del funcionario policial, habiendo facilitado Rafa información sobre robos en joyerías, resultando esta con éxito, se diga, en cambio, en el citado informe, que esa información posibilitó la iniciación y culminación de una operación policial ejecutada a principios de 2002, en la que se detiene a esas trece personas relacionadas con la seguridad de locales de alterne, pero sin hacer referencia alguna a robos en joyerías.

Resulta significativo en este sentido que el 21 de mayo de 2002 culminó una operación policial precisamente de la Comandancia de Madrid, denominada **Operación Merlín**, de la que apenas figura información en Internet. Tan solo lo contemplado en una página del Ministerio del Interior, en la que figura que se detuvo a 11 personas por su participación en unos quince robos a joyerías por el método del alunizaje. Han pasado nueve años desde que culminara aquella operación con esos once detenidos. Se tuvo que celebrar un juicio por aquellos hechos pero, en cambio, el que suscribe no ha podido encontrar información alguna sobre el auto de procesamiento, la sentencia o los nombres de los que fueron procesados y, finalmente, condenados. En cambio, sí aparece toda esa información detallada en las operaciones Pipol, Nova, Tigris y Sello, todas ellas relacionadas con lo acontecido en los atentados del 11-M.

Por tanto, de todo lo expuesto anteriormente, resulta extraño que ZOUHIER, habiendo aceptado colaborar como confidente policial a cambio de algún beneficio en la reducción de condena o el pago de una cantidad de dinero, después de más de un año de facilitar información fiable y contrastada, mintiendo a TORO CASTRO y SUÁREZ TRASHORRAS, haciéndoles creer que tenían unos posibles compradores en Madrid de esos explosivos y, tras conseguir que le suministraran esa muestra, e informar asimismo a la UCO de que los asturianos podían conseguir cantidades elevadas de explosivos, que llegaban a los 150 kg, de repente, dejara de tener contacto con la Guardia Civil y decidiera convertirse en intermediario en el suministro de explosivos entre aquellos a los que había mentido para conseguir lo que podía haber sido una prueba para la policía y el grupo terrorista y, finalmente, ZOUHIER fue condenado como autor de un delito de tráfico o suministro de explosivos en colaboración con una organización terrorista.

Siguiendo con el relato de los hechos probados, entre finales de octubre de 2003 y primeros de enero de 2004, Jamal AHMIDAN, alias "El Chino", acordó con José Emilio SUÁREZ TRASHORRAS el suministro de dinamita procedente de las minas asturianas. De este trato estaba al tanto el procesado Rachid AGLIF.

Para concretar la operación, los referidos Jamal AHMIDAN, alias "El Chino", y SUÁREZ TRASHORRAS, mantuvieron al menos dos reuniones en sendas hamburgueserías de Madrid, además de otras en número no determinado en Avilés y numerosos contactos telefónicos. La primera de estas reuniones tuvo lugar el 28 de octubre de 2003, en la hamburguesería Mc Donald's del barrio de Carabanchel de Madrid, asistiendo los procesados José Emilio SUÁREZ TRASHORRAS, Rachid AGLIF, Rafa ZOUHIER y Jamal AHMIDAN, alias El Chino. En otra mesa cercana, se sentaron Carmen TORO CASTRO y otro individuo que no ha sido procesado, llamado Pablo ÁLVAREZ MOYA. En el transcurso del encuentro, Rachid AGLIF propuso a los asturianos que le suministraran 60 kg de dinamita, sin que conste si la contraprestación era hachís, dinero u otra cosa.

A mediados de noviembre, tuvo lugar una segunda reunión en otra hamburguesería Mc Donald's, sita esta en el barrio de Moncloa de Madrid. A ella asistieron Antonio TORO CASTRO, José Emilio SUÁREZ TRASHORRAS, Carmen TORO CASTRO, Rachid AGLIF, Rafa ZOUHIER y Jamal AHMIDAN, alias "El Chino". Trataron de una deuda derivada del tráfico de hachís, sin que conste si acordaron que se saldara en todo o en parte con la entrega de dinamita.

De lo expuesto anteriormente en los hechos probados de la sentencia, a la afirmación sobre el acuerdo en esas fechas, entre Jamal AHMIDAN y Emilio SUÁREZ TRASHORRAS, para el suministro de dinamita procedente de las minas asturianas **la considero una incongruencia que argumento a continuación.**

En el transcurso del juicio sobre los atentados del 11-M, celebrado en la Audiencia Nacional en 2007, apenas se le prestó atención a un hecho que considero muy importante, que es la enfermedad mental que padece Emilio SUÁREZ

TRASHORRAS. Esa enfermedad mental es la esquizofrenia paranoide. Los pacientes que la padecen pueden llevar una vida más o menos normal, con un control estricto de la medicación (fármacos antipsicóticos), pero es necesario, y a la vez complementario, que el enfermo reciba un tratamiento psicosocial (psicológico, ocupacional y social). Es fundamental que la persona deje de alucinar, de delirar, pero también lo es **que recupere sus hábitos de vida, que esté durante todo el día ocupado, la integración en la sociedad, la normalización.**

La esquizofrenia paranoide se caracteriza por el predominio de ideas delirantes y alucinaciones, **sobre todo auditivas**. Presenta unos síntomas denominados "positivos" y "negativos". Los síntomas positivos son aquellas manifestaciones que el paciente experimenta y que las personas sanas no suelen presentar. Se destacan:

- Alucinaciones: son engaños de los sentidos, percepciones interiores que se producen sin un estímulo externo. No está en condiciones de reconocer que lo percibido surge únicamente de sus vivencias interiores y no está presente en el mundo externo.
- Delirios: se trata de una convicción errónea de origen patológico que se manifiesta a pesar de razones contrarias y sensatas. El alcance con la realidad está restringido. El paciente ve el delirio como la única realidad válida.
- Síntomas positivos de la motricidad: comportamiento agresivo o agitado, inquietud corporal.
- Trastornos del pensamiento: la manera de hablar suele darnos indicios significativos sobre el pensamiento trastornado.

Por su parte, los síntomas negativos son aquellas cosas que el paciente deja de hacer y que los individuos sanos pueden realizar cotidianamente, como pensar con fluidez y con lógica, tener voluntad para levantarse cada día. Se destacan:

- Apatía: es la falta de interés. Se manifiesta en problemas con el aseo y la higiene, **falta de persistencia en el trabajo**, escuela o cualquier otra tarea, propensión al agotamiento físico y mental.
- Insociabilidad: **tiene pocos o ningún pasatiempo.** Relaciones con amigos y semejantes restringidas.

El tratamiento psicofarmacológico es esencial en el tratamiento de la esquizofrenia, pero es necesario un buen soporte terapéutico para la buena evolución de la enfermedad, este soporte es la rehabilitación psicosocial. De nada sirve que el paciente tome su tratamiento si su única actividad es estar todo el día en la cama, o que tenga prescrita una medicación y por falta de conciencia de enfermedad y de control no se la tome.

El motivo por el cual dicha enfermedad pasó casi inadvertida en el juicio es bien claro. Emilio SUÁREZ TRASHORRAS, desde su detención por los atentados del 11 de marzo de 2004, había permanecido en prisión preventiva hasta la celebración del juicio. En el Centro Penitenciario, llevaría un control estricto de la medicación y, posiblemente, estuviera sometido a algún tipo de terapia psicosocial. Pero lo verdaderamente importante aquí es conocer el cuadro de esa enfermedad mental en Emilio SUÁREZ TRASHORRAS en el período de tiempo desde el 25 de julio de 2001, cuando es detenido junto a su cuñado Antonio TORO CASTRO, en la denominada Operación Pipol, hasta el día de los atentados, 11 de marzo de 2004.

En ese período de tiempo, hay síntomas evidentes, los cuales indican que Emilio SUÁREZ TRASHORRAS en esas fechas no llevaba un control de la medicación, como tampoco estaba sometido a ninguna terapia psicosocial. Además, está acreditado por el mismo SUÁREZ TRASHORRAS y varios de los procesados, que en esas fechas consumía cocaína. **Por lo tanto, en** esas condiciones, lo normal es que a lo largo del día tuviera más brotes de alucinaciones y delirios que de lucidez.

Emilio SUÁREZ TRASHORRAS trabajó en Mina Conchita desde 1999 hasta 2002 pero, en 2000, 2001 y 2002, estuvo la mayor parte del tiempo de baja. **El 19 de agosto de 2002, la Inspección Médica de Avilés le reconoció la última de las cuatro incapacidades laborales por la enfermedad mental que padecía, hasta que, en mayo de 2003, le fue concedida la incapacidad permanente y absoluta por las enfermedades que se aportaron.** Este es un claro síntoma negativo en la enfermedad, la falta de persistencia en el trabajo, como manifestación de la apatía, sin haber recuperado sus hábitos de vida. Pero, en su caso, además, llegando incluso hasta el punto de serle concedida la incapacidad laboral permanente, quizás por su adicción a la cocaína. Lo que demuestra que, en esas fechas, SUÁREZ TRASHORRAS padecería a lo largo del día más brotes de alucinaciones y delirios que de lucidez.

Emilio SUÁREZ TRASHORRAS, en su declaración en el juicio por los atentados, manifestó que era colaborador o confidente del inspector jefe del grupo de estupefacientes de Avilés, **Manuel GARCÍA RODRIGUEZ,** N.º 19024. En la declaración de este funcionario policial, surgen una serie de contradicciones que describo a continuación.

El 25 de julio de 2001, se detiene a Emilio SUÁREZ TRASHORRAS y Antonio TORO CASTRO, en la denominada Operación Pipol. Era un grupo de varias personas, extendido por toda la provincia de Asturias, dedicado al tráfico de estupefacientes. En Avilés, se incautaron, en un garaje, entre 60 y 70 kg de hachís, 96 detonadores y 16 cartuchos de dinamita. Antonio TORO CASTRO fue quien ingresó en prisión por estos hechos el 27 de julio de 2001.

En su declaración, el citado funcionario policial afirmó que SUÁREZ TRASHORRAS se les ofreció como colaborador, una noche de otoño del 2001, cruzándoles un coche en un momento determinado de la noche, mientras patrullaba junto a otro compañero y les dijo que estaba dispuesto a hacer un trato. Les ofreció la posibilidad de coger 2 kg de cocaína a cambio de si podían hacer algo para que su cuñado, Antonio TORO CASTRO, saliese de la cárcel en libertad para pasar las Navidades con su familia. Entonces, le comentaron a Emilio que habían hecho la gestión con Fiscalía de Oviedo, y este ya automáticamente les dijo quién era, y era un ex compañero de grupo, **José Ignacio FERNÁNDEZ DÍAZ, alias El Nayo**. Le pidieron unos teléfonos y unas matrículas, que es lo que generalmente hacía de colaboración con ellos y, entonces, empezaron una operación que fue bastante rápida, culminada antes de finales de 2001. Gracias a la colaboración de SUÁREZ TRASHORRAS, según manifestó en su declaración el inspector de policía N.º 19024, fue detenido El Nayo, junto con otras personas, en una operación en la que se incautaron 700 g de cocaína y 800 g de heroína. Finalmente, se aceptó el trato y TORO CASTRO salió de la cárcel en libertad.

Todo ello, precisamente el año que TRASHORRAS había estado la mayor parte del tiempo de baja, sin acudir a su puesto de trabajo por la enfermedad mental que padecía. Por tanto, me resulta inverosímil creer que un inspector jefe del grupo de estupefacientes de Avilés pudiera llegar a un trato como ese, propuesto por un enfermo mental que padecería esos brotes de alucinaciones y delirios. Además, resulta significativo el hecho de que ese tal Nayo, quien fue detenido en esa operación ejecutada de una manera tan rápida, fuera un colaborador de la Unidad Orgánica de Policía Judicial de Asturias, hecho corroborado en su declaración por el guardia civil de la UCO, con el sobrenombre de "Víctor", controlador de Rafa ZOUHIER.

Además, resulta que las llaves del garaje donde aparecieron los 96 detonadores y 16 cartuchos de dinamita se encontraron en el coche de Nayo y, según declaración de TORO CASTRO, José Ignacio FERNÁNDEZ DÍAZ, alias "El Nayo", era el único que tenía las llaves de ese garaje.

El inspector jefe del grupo de estupefacientes de Avilés sigue diciendo en su declaración en el juicio por los atentados que, en 2002, gracias a la colaboración de TRASHORRAS, se incautaron en una operación 1000 pastillas de éxtasis y una cantidad de hachís que venía procedente de Algeciras. Asimismo, en 2003, también gracias a su colaboración, en el marco de una operación se detuvieron a ocho personas en Avilés, en Asturias y otras en Alicante, Valencia y Barcelona, **con una incautación de 166 kg de cocaína en un barco de Valencia, medio kilo de heroína en Avilés y algo de cocaína.**

Pero, en cambio, en esa misma declaración, afirma que lo de confidente es una exageración porque lo suyo con TRASHORRAS era una relación de bares, donde les estaba viendo la gente y, si lo que él intenta es sacar una información buena de una persona, no estaría con ella en un bar, en el que les podría ver todo el mundo.

Sigue manifestando este funcionario policial en su declaración que TRASHORRAS, en una ocasión, le hizo entrega de una agenda telefónica, **que este siempre le decía que vaya tesoro que tenía ahí.** Esta expresión es otro síntoma, en este caso positivo de la esquizofrenia paranoide, razón por la cual el inspector de policía, a pesar de haber manifestado que les había facilitado toda esa información con la que se habían llevado a cabo esas tres operaciones, con incautaciones de droga de notoria importancia, cuando recibió esa agenda telefónica, considerada por TRASHORRAS como un valioso tesoro, manifestó textualmente: **"Yo la agenda la miré pero, vamos, no le di ninguna importancia a nada. La agenda no nos sirvió para nada"**. Quizás por ello tampoco hizo nada cuando TRASHORRAS le entregó una fotocopia del carnet de una persona, a pesar de que, posteriormente, el inspector de policía averiguara que esa fotocopia de dicho documento era falso.

Entre finales de noviembre de 2003 y primeros de marzo de 2004, se computaron 63 llamadas entre el teléfono móvil del inspector de policía Manuel GARCÍA RODRI-GUEZ y el teléfono móvil que utilizaba Emilio SUÁREZ TRASHORRAS, sobre todo realizadas por parte de este último, figurando como titular de esa línea Carmen TORO CASTRO.

La explicación dada por el inspector de policía es que era TRASHORRAS el que le estaba haciendo un control sobre su persona. Aunque reconoce que, la mayoría de los días, le llamaba para hablar de nada y, bueno, es que a lo mejor ni hablaban. **Le llamaba porque se aburría, no tenía nada que hacer y se aburría. Otras veces, a lo mejor, cuando se veían, le decía que venía de jugar a la *play* porque estaba aburridísimo**. Estos síntomas se pueden denominar "negativos" en la esquizofrenia paranoide.

De todo lo anteriormente expuesto, se deduce que Emilio SUÁREZ TRASHORRAS, en esas fechas, por la enfermedad mental que padecía, era incapaz de liderar nada y mucho menos toda una trama de tráfico y suministro de explosivos procedente de Mina Conchita, cuyos actos fueron considerados por la Audiencia Nacional como necesarios para la consecución de los atentados más graves en la historia de España y en toda la Unión Europea.

En el juicio por los atentados del 11-M, se llevó a cabo una pericial sobre la enfermedad mental de Emilio SUÁREZ TRASHORRAS. La pericial la formaban cuatro peritos: por un lado, Juan Miguel MONGE PÉREZ y Sira PEÑA LÓPEZ, los cuales eran médicos forenses, **sin la titulación de psiquiatría** y, por otro lado, citados por las partes, José Luis MORÁN JUNQUERA, **médico psiquiatra de la Seguridad Social que trató a TRASHORRAS desde septiembre de 1997 hasta diciembre de 2003, cuyos informes fueron aportados en el tribunal que le concedió la incapacidad permanente y absoluta**, y Julio BOBES GARCÍA, **catedrático de Psiquiatría de la Facultad de Medicina en la Universidad de Oviedo, toda una eminencia en el campo de la psiquiatría.**

En esa pericial hubo división en la opinión de los peritos. Los médicos forenses, MONGE PÉREZ y PEÑA LÓPEZ, sin la titulación de psiquiatría, elaboraron un informe, en 2005, sobre la posible afección psíquica de TRASHO-RRAS. **Para ello, se basaron en informes oficiales correspondientes al explorado de instituciones penitenciarias. Privado de libertad, a TRASHORRAS se le practicaron dos reconocimientos, tipo entrevista clínica, concluyendo los médicos forenses que en ninguno de ellos, este presentaba una enfermedad mental, como tampoco síntoma psicótico alguno.**

Al ser preguntados estos dos peritos por el Ministerio Fiscal si en algún momento TRASHORRAS, cuando fue detenido por los atentados, les manifestó algo acerca de algún tipo de enfermedad que hubiese padecido anteriormente, estos respondieron que les dijo que lo habían jubilado y que el motivo era por padecer **una esquizofrenia paranoide y un trastorno de personalidad.**

Asimismo, los dos peritos citados por las partes, manifestaron lo siguiente:

. Dr. José Luis MORÁN JUNQUERA, médico psiquiatra de la Seguridad Social que trató a TRASHORRAS desde septiembre de 1997 hasta diciembre de 2003: "**En mi observación a lo largo de todos estos años, yo pude concluir en el diagnóstico que tenía un trastorno de personalidad doble esquizoide y antisocial, un trastorno esquizo-afectivo bipolar y unos trastornos psicóticos, eso a última hora, en el último año que yo lo vi (2003). Unos trastornos psicóticos inducidos por el consumo de múltiples y diversas sustancias y drogas. Cuando yo lo reconocí, tenía un trastorno de la personalidad y un trastorno psicótico grave. Con estas dos características, la capacidad volitiva y cognitiva no la tenía. La tenía bastante anulada muchas veces y, otras veces, atenuada. Anulada muchas veces, cuando tenía los episodios activos del trastorno esquizo-afectivo. Referente al trastorno de personalidad, por el tiempo que yo lo exploré, tenía la capacidad volitiva anulada. Por tanto, TRASHORRAS no tenía capacidad para planear operaciones de tráfico de drogas o de explosivos. Tenía la capacidad anulada totalmente, cuando presentaba cuadros psicóticos con delirios de persecución y afecciones auditivas (esquizofrenia paranoide)**".

. Dr. Julio BOBES GARCÍA, médico psiquiatra, catedrático de Psiquiatría de la Facultad de Medicina en la Universidad de Oviedo, jefe de servicio de Psiquiatría del área sanitaria de Oviedo: "Yo tuve que evaluar a TRASHORRAS por razones periciales, en el Centro Penitenciario de Madrid-2, el 20 de julio de 2005. Yo veo a un señor en unas condiciones que no son las de observación natural. Lo veo en una prisión, donde los trastornos de personalidad, efectivamente, suelen mejorar porque los límites están muy bien establecidos y todos los trastornos de personalidad suelen mejorar en los límites cerrados. **Lo veo bajo tratamiento antipsicótico, por lo tanto lo que observo es un señor que está en tratamiento y unas condiciones que, en cierto modo, pueden resultar terapéuticas para el trastorno de la personalidad".**

"Pero bien es cierto que también, obviamente, recojo y tengo en cuenta todos los documentos médico–legales y administrativos que me son facilitados. **Por una parte, el impacto de la enfermedad que el Ministerio de Trabajo y Asuntos Sociales le reconoce en mayo de 2003 una incapacidad permanente y absoluta, sobre la base de las enfermedades que se aportaron.** La Consejería de Asuntos Sociales del Principado de Asturias reconoce, el 20 de diciembre de 2002, un impacto en términos de minusvalía del 57% que, posteriormente, fue revisado por la Dirección General de Asuntos Sociales de la Comunidad de Madrid, donde se le asciende al 65% de minusvalía, en la medida en que, efectivamente para ese momento, sí se tiene en cuenta la presencia del trastorno esquizo-afectivo".

"Pero, además, previamente el Ministerio de Defensa, a través de la Subsecretaría, considera al paciente **no apto** para el servicio militar, a la semana o a los diez días de ingresar, donde ingresa voluntariamente. Previamente, entonces, hay documentos clínicos en los cuales yo baso mis conclusiones. Por una parte, informes de parapsicólogos que lo vieron en su tiempo, en el año 1996, cuando empieza la enfermedad. Posteriormente, el médico de cabecera también certifica que se trata de un trastorno mental y del comportamiento. **Así que no hay ninguna duda de que se trata de un enfermo mental".**

Sigue el Dr. BOBES manifestando lo siguiente: "Después de explorar al paciente con una entrevista clínica, como es de rigor, también obviamente, se le administran las pruebas psicométricas para evaluar personalidad y para evaluar concretamente la psicosis. **Y sobre la base de ello, concluimos efectivamente que se trata de un enfermo. O sea que, a mi juicio no hay ninguna duda de que se trata de un enfermo, cuando yo lo veo bajo tratamiento antipsicótico, o sea que estaba bien tratado, con dosis altas que posteriormente fueron incrementándose, incluso en la actualidad, todavía tiene dosis más altas de tratamiento antipsicótico".**

"Por tanto, mi opinión coincide con la del primer clínico que lo vio, que fue el Dr. Ramón MEDIO, que es un psiquiatra de Gijón, actualmente fallecido. Y también, posteriormente, con los informes que tiene el Dr. Morán JUNQUERA, desde el 22/07/97 hasta el 23/03/04. También coincide con la opinión de otro especialista en psiquiatría de Asturias que lo vio el 14 de enero de 2003 y asimismo con la opinión del especialista de psiquiatría que, cuando yo evalué a TRASHORRAS en la prisión, el Dr. Ángel DE VICENTE, que lo evaluó conmigo, o sea, que estuvo presente también él en la evaluación que yo hice y, por lo tanto, digamos que mi opinión es coincidente con la de todos los psiquiatras que lo han visto, desde el año 1997 hasta los hechos".

"Yo no tengo dudas, simplemente advierto del hecho de que, cuando yo lo evalúo, está bajo tratamiento antipsicótico y, por lo tanto, el resultado del tratamiento siempre aminora sustancialmente el estado clínico de la enfermedad. Los documentos administrativos médico-legales indican claramente, antes de los hechos (refiriéndose a los atentados), que se trata de un enfermo mental grave. Es un enfermo desde hace muchos años, desde que ya en la mili, los propios militares consideran que no es apto para el servicio militar. **Es un enfermo mental, a mi juicio, sin duda".**

Finaliza el Dr. BOBES su declaración, manifestando lo siguiente: "El Dr. VICENTE era el médico que le controlaba el tratamiento antipsicótico. En aquel entonces, le suministraba medicación antipsicótica por vía parenteral y medicación antipsicótica por vía oral".

"Por lo tanto, se trata de un psicótico, incluso para el propio médico de la prisión que es donde pasó los días a posteriori. Pero yo insisto que, en realidad, la historia de este señor está claramente expresada previamente a los hechos, por lo tanto, yo me inclino por lo que está reconocido antes de los hechos. Si se cuenta con su incapacidad para realizar el servicio militar, su incapacidad laboral y la asignación de la puntuación máxima para un psicótico, se trata de un enfermo psicótico permanente".

Después de todo lo anteriormente expuesto, resulta sorprendente que de la pericial en el juicio sobre la enfermedad mental de TRASHORRAS, donde hubo diversidad de opiniones, se tuviera más en consideración lo manifestado por los dos médicos forenses, sin la titulación de psiquiatría, basándose estos en dos reconocimientos, tipo entrevista, privado de libertad TRASHORRAS, sobre informes oficiales de instituciones penitenciarias, donde el paciente estaba desde su ingreso en prisión sometido a tratamiento antipsicótico y, posiblemente, además, también sometido a algún tipo de terapia psicosocial. Y, en cambio, no se tuviera en cuenta la opinión del médico psiquiatra de la Seguridad Social que trató a TRASHORRAS desde septiembre de 1997 hasta diciembre de 2003, cuando este manifestó que TRASHORRAS en el tiempo que él lo reconoció tenía un trastorno de la personalidad y un trastorno psicótico grave. Y que con esas dos características, no tenía capacidad volitiva ni cognitiva; la tenía bastante anulada muchas veces y, otras veces, atenuada. Por este motivo, TRAS-

Jesús Carmelo Bernabeu Baeza

HORRAS no tenía la capacidad para planear operaciones de tráfico de drogas y, mucho menos, de suministro de explosivos.

Además, el Dr. Morán JUNQUERA manifestó que, a última hora, en el último año que vio a TRASHORRAS (año 2003), este presentaba unos trastornos psicóticos inducidos por el consumo de múltiples y diversas sustancias y drogas. En este sentido, TRASHORRAS en su declaración en el juicio del 11-M celebrado en 2007, sometido desde su ingreso en prisión en 2004, tras los atentados, a un tratamiento de fármacos antipsicóticos acompañado, posiblemente, de alguna terapia psicosocial, declaró al igual que varios de los procesados que, a principios de 2004, cuando supuestamente se llevaron a cabo los viajes para el suministro de explosivos desde Asturias hasta Madrid, él seguía consumiendo drogas. En concreto, manifestó textualmente que se había metido dos rayas de cocaína.

Por lo tanto, cuando TRASHORRAS supuestamente se entrevista con Jamal AHMIDÁN en esas dos hamburgueserías, una, en Carabanchel el 28 de octubre de 2003 y, la otra, en Moncloa a mediados de noviembre, ambas para concretar el tráfico y suministro de los explosivos, así como cuando se realizan esos viajes en enero y febrero de 2004, todos los elementos indican que TRASHORRAS era un enfermo mental grave, con una esquizofrenia paranoide acentuada por el consumo de drogas, que presentaba más brotes de alucinaciones y delirios que de lucidez.

Tampoco se tuvo en cuenta la opinión del Dr. Julio BOBES GARCÍA, cuando **esta era coincidente con la expresada por el médico que trató a TRASHORRAS**, y siendo el Dr. BOBES toda una eminencia en el campo de la psiquiatría como catedrático de Psiquiatría de la Facultad de Medicina en la Universidad de Oviedo. Fue el primer alumno de dicha facultad que alcanza ese grado. Su intensa labor docente e investigadora se traduce en más de un centenar de publicaciones, dirección de tesis doctorales, cursos y conferencias, ponencias en congresos, etcétera. Dirige el Área de Psiquiatría del Departamento de Medicina y es jefe de servicio de Psiquiatría del área sanitaria de Oviedo. Ha sido presidente de la Sociedad Asturiana de Psiquiatría y ocupó diversos cargos en asociaciones profesionales, como la Sociedad Española de Psiquiatría y la Sociedad Española de Psiquiatría Biológica, entre otras. Miembro activo de la Asociación Europea de Psiquiatría. En 1999, fue presidente del Comité Organizador del Congreso Nacional de Psiquiatría, que reunió en Oviedo a cerca de dos mil profesionales de la psiquiatría nacional e internacional.

Todo indica, por ello, que SUÁREZ TRASHORRAS fue claramente utilizado por su vulnerabilidad, debido a esa enfermedad mental que padecía, la esquizofrenia paranoide. Para argumentar dicha afirmación, además de todo lo expuesto con anterioridad, paso a describir lo siguiente.

Antonio TORO CASTRO, que fue detenido junto a su cuñado SUÁREZ TRASHORRAS el 25 de julio de 2001 en la denominada Operación Pipol, fue este y no TRASHORRAS el que ingresó en prisión el 27 de julio de 2001 por aquellos hechos, en concreto la incautación en un garaje de 60 a 70 kg de hachís, 96 detonadores y 16 cartuchos de dinamita.

La relación de TORO CASTRO con Rafa ZOUHIER se inicia en la prisión de Villabona en septiembre de 2001. Según manifestó ZOUHIER en su respuesta al cuestionario de preguntas formulado por el diputado popular Jaime IGNACIO DEL BURGO, en la comisión de investigación del 11-M, su relación con TORO fue a raíz de su ingreso en prisión. TORO le comentó que estaba en prisión por un delito de tráfico de hachís, **que casualmente compraba a los árabes de Madrid en Carabanchel (Jamal AHMIDAN y sus socios).**

Según ZOUHIER, TORO al salir de prisión, seguía traficando hachís con los árabes de Madrid. Era este quien iba ofreciendo explosivos. Asimismo, fue TORO el que le dio la muestra de explosivo y le dijo que disponía de 150 kg o más para vender. **ZOUHIER afirmó que no tenía relación con TRASHORRAS. Él a quien vigilaba de cerca era a TORO. Este era quien hablaba, era el jefe, el que mandaba a su cuñado y a más gente en Avilés. Cuando ZOUHIER iba a Asturias, manifestó que le llamaba la atención el respeto que le tenían.**

Además, afirmaba que TORO tuvo numerosos contactos con dos jóvenes etarras en el módulo ocho de la prisión de Villabona. Antes de salir de prisión, estos le dieron a TORO un número de teléfono que este se encargó de pasarle a su cuñado por el cristal del locutorio a través de un papel. ZOUHIER afirmó haber presenciado este hecho, pero desconocía si hablaron de explosivos porque cuando TORO estaba con los dos etarras, ellos hablaban a solas y, a veces, cuando se acercaba, notaba cómo cambiaban de conversación. También, estaba convencido de que TORO trabajaba para algún servicio de información o tenía protección de alguien. Manifestó que su sorpresa fue cuando detuvieron a TORO con 150 g de cocaína y salió en libertad a los pocos días. Este extremo lo corrobora en su declaración el propio TORO CASTRO, manifestando que entró en prisión nuevamente el 14 de junio de 2003 y salió en libertad un mes más tarde, a mediados de julio.

Por lo tanto, todo apunta al hecho de que TORO CASTRO, a cambio de beneficios penitenciarios, aceptara trabajar como colaborador de algún servicio de información de este país. Puesto que, en noviembre de 2001, según declaración del inspector de policía, jefe del grupo de estupefacientes de Avilés, TRASHORRAS le cruzó a este una noche de patrulla un coche y le propuso aquel trato para que su cuñado TORO CASTRO saliera en libertad antes de finalizar 2001, a cambio de información relacionada con el tráfico de estupefacientes. Ya ha quedado acreditado que TRASHORRAS padecía un trastorno psicótico grave, inducido por el consumo de drogas y que, por tanto, presentaría más brotes de alucinaciones y delirios que de lucidez.

Por este motivo, todos los elementos apuntan a que TORO CASTRO saliera en libertad a finales de 2001, no por la información válida que pudiera proporcionar un enfermo mental grave, sino por la colaboración del propio TORO, a cambio de algún beneficio penitenciario. Es por ello por lo que cabe pensar que, tras ser detenido el 14 de junio de 2003, saliera nuevamente en libertad tan solo un mes más tarde, pese a tener antecedentes penales y haber permanecido, eso sí, tan solo cinco meses en prisión preventiva por un delito contra la salud pública, por tráfico de estupefacientes con una cantidad de notoria importancia y tráfico de explosivos.

Siguiendo con el relato de ZOUHIER, al salir de la cárcel, TORO CASTRO fue otra vez a Madrid a comprar hachís a los árabes y ya todos sabían que los asturianos disponían de explosivos. La sorpresa para ZOUHIER era que él estaba viendo una cosa y los de la UCO le decían otra, **"está todo controlado por ahí arriba. Tranquilo que TRASHORRAS trabaja como minero y no son de ETA".** A los pocos meses, TORO le dijo que disponía de 150 kg de explosivos o más y que quería cambiarlos por hachís o cocaína. ZOUHIER lo volvió a comunicar a la UCO y su reacción fue aún más tranquila. Hasta llegaron a pensar que los asturianos eran unos mentirosos.

Según ZOUHIER, los asturianos compraban hachís en Carabanchel, donde Jamal AHMIDAN era el jefe de la zona, conocido por todo Madrid como traficante de hachís.

ZOUHIER no tenía dudas: para él el jefe era TORO CASTRO y su hermana Carmen TORO. Según este, todas las veces que hablaban mandaban más la hermana y TORO que TRASHORRAS. Para ZOUHIER, TRASHO- RRAS era un tonto. A quien él vigilaba era a TORO.

Tanto en los hechos probados de la sentencia como en la declaración del propio TORO CASTRO, se afirma que fue este quien le presentó Rafa ZOUHIER a TRASHORRAS en uno de los viajes que hizo a Madrid. El guardia civil de la UCO con el sobrenombre de "Víctor", controlador de ZOUHIER, manifestó en su declaración en el juicio que, a principios de 2003, este le comentó que había contactado con personas que podían proporcionar explosivos. La primera persona que les identificó era un individuo llamado Antonio, cuyo alias era "TORO", con el que había coincidido en la prisión de Villa- bona y que este tenía un cuñado que posiblemente fuera su socio. Pocos días después de darles esa información, fueron a Asturias (febrero de 2003) los agentes que tenían contacto con Rafa y estuvieron apoyados por un grupo operativo, por lo que se llevó a cabo el control policial de esa entrevista que man- tuvo Rafa ZOUHIER con TORO CASTRO. **Pero en dicha entrevista, el guardia civil de la UCO, con el sobrenombre de "Víctor", reconoció que no estuvo el cuñado de TORO, SUÁREZ TRASHORRAS.** Este es un indicio claro de que la persona que lideraba esa supuesta trama de tráfico de explosi- vos era Antonio TORO CASTRO y no así TRASHORRAS.

El 20 de febrero de 2003, ZOUHIER llamó al guardia civil de la UCO, "Víctor", para indicarle que había obtenido una muestra de explosivo. Rafa ZOUHIER tuvo una reunión con TORO CASTRO y otra persona en un centro comercial en las afueras de Madrid y le dijo que le habían entregado una muestra o que se la iban a entregar.

Unos compañeros se desplazaron para ver si detectaban la presencia, tanto de TORO CASTRO como de la otra persona que le acompañaba. No los vieron, **pero lo que sí hizo Rafa ZOUHIER fue entregarles la muestra del explosivo en un frasco. Se lo mostraron a un compañero especialista en desactivación de explosivos, quien les manifestó que era una muestra de muy mala calidad, que era muy antiguo y la cantidad era muy pequeña. Era un pequeño tarro de cristal transparente y les dijo que la eficacia de ese explosivo era muy baja por su antigüedad. Este fue el motivo por el que lo destruyeron, sin hacer un análisis de su composición. Rafa les dijo que TORO CASTRO le había comentado que era Goma-2 y que había sido este quien se la había entregado, aunque también estaba presente TRASHORRAS.**

Antonio TORO CASTRO, en su declaración en el juicio, manifestó que Rafa ZOUHIER le presentó a una persona que luego fue el que le vendió el hachís. Rafa le presentó a esa persona para que se lo facilitara. Esa persona es la que le dio siempre el hachís y a la que TORO siempre había pagado. **Según afirmación de TORO CASTRO, a esa persona él la conocía como YOUSSEF y, posteriormente, le dijeron que se llamaba LOFTI SBAI.** Un primo de este señor, al parecer, era el que hacía la función de repartir su mercancía.

Rafa ZOUHIER manifestó que, **en los últimos meses de 2003**, TORO CASTRO ya no viajaba con TRASHORRAS, sino con un tal Richard. Entonces, **TORO CASTRO empezó a comprar a LOFTI SBAI el hachís**. LOFTI era otro traficante de hachís muy conocido y vendía la misma mercancía y más barata que Jamal AHMIDAN, alias "El Chino".

Se da la circunstancia de que, en dicha fecha en la que TORO CASTRO deja de comprar el hachís a Jamal AHMIDÁN, para comprárselo a LOFTI SBAI, coincide con las dos reuniones en aquellas hamburgueserías, una a finales de octubre de 2003 en Carabanchel y la otra a mediados de noviembre en Moncloa, ambas supuestamente para concretar la compra-venta de hachís entre los asturianos y Jamal AHMIDAN con alguno de sus socios.

Hay que tener en cuenta que Rafa ZOUHIER manifestó que, cuando conoció a TORO CASTRO en la prisión de Villabona, este ya le compraba el hachís a Jamal AHMIDAN y sus socios, manteniendo esos negocios ilegales de compra-venta de hachís con el grupo de Jamal AHMIDAN después de salir de prisión. Por todo ello, si TORO CASTRO dejó de comprar el hachís a El Chino en los últimos meses de 2003, para comprarle esa misma mercancía más barata a LOFTI SBAI, **no tiene ningún sentido, entonces, que en esas dos reuniones estuviera presente Rafa para hacer de intermediario de Jamal AHMIDAN.**

Lo lógico es pensar que Rafa ZOUHIER estuviera presente en aquellas dos reuniones para hacer de intermediario en la compra-venta de hachís de los asturianos con LOFTI SBAI y algún socio de este. De hecho, no existen pruebas, más allá de las declaraciones de los procesados que participaron en las dos reuniones, sobre la presencia de Jamal AHMIDAN, ya que no hubo control policial de estas.

Además, con referencia a la segunda reunión que tuvo lugar en noviembre de 2003 en una hamburguesería en el barrio de Moncloa, no coincide lo relatado en los hechos probados sobre los que participaron en esta con lo manifestado en sus declaraciones por los que supuestamente estuvieron presentes.

Según los hechos probados de la sentencia, en aquella segunda reunión en Moncloa, celebrada en noviembre de 2003, estuvieron presentes Antonio TORO CASTRO, Emilio SUÁREZ TRASHORRAS, Carmen TORO CASTRO, Rachid AGLIF, Rafa ZOUHIER y Jamal AHMIDAN. En cambio, según las declaraciones de TORO CASTRO, SUÁREZ TRASHO-RRAS, Rafa ZOUHIER y Rachid AGLIF, en aquella reunión no asistieron Carmen TORO CASTRO y Rachid AGLIF, los cuales sí asistieron a la primera de esas reuniones en Caraban-chel. Por lo tanto, teniendo en cuenta que no hubo control policial alguno sobre esas reuniones, vemos que no coincide lo declarado por los que supuestamente asistieron a aquella y lo que se afirma en los hechos probados de la sentencia.

Igualmente, como veremos más adelante, se da la circuns-tancia de que el 29 de febrero de 2004, según relato de los hechos probados, Jamal AHMIDAN conducía desde Asturias un vehículo Toyota Corolla, que portaba la matrícula ilegítima 9231-CDW, con dirección a Madrid, concretamente hacia la finca de Morata de Tajuña. En dicho trayecto, fue detenido por un patrulla de la Guardia Civil de tráfico, en torno a las 16:15 en el kilómetro 12,500 de la CN-623, sentido Madrid y exhibió a los agentes un pasaporte belga inauténtico a nombre de **Youssef Ben Salan**. Esta misma identidad falsa fue utili-zada supuestamente por Jamal AHMIDAN para formalizar el contrato de alquiler de la finca de Morata de Tajuña, el 28 de enero de 2004. Recordemos que, según la declaración de TORO CASTRO, a este le presentaron a un tal **YOUSSEF**, que era la persona a la que él iba a comprar el hachís y, más tarde, supo que su nombre era **LOFTI SBAI**.

En su declaración en el juicio, LOFTI SBAI manifestó que Jamal AHMIDAN estuvo en prisión en Marruecos por la muerte de una persona pero, tras cumplir 2 o 3 años de condena, salió en libertad. Asimismo, declaró que, en 1991 y 1992, vivió en una pensión junto a Jamal AHMIDAN y que, en aquellos años, este era uno más del barrio, conocido por mucha gente como traficante de hachís en la zona.

LOFTI SBAI declaró que Jamal AHMIDAN no era su socio, sino más bien la competencia de este en el tráfico de hachís en la zona. Y no solo eso, sino que, además, lo andaba buscando porque Jamal les había robado una mercancía a unos amigos suyos. Asimismo, LOFTI SBAI reconoció que tenía negocios con Rafa ZOUHIER y este último con TORO CASTRO.

Además, Rachid AGLIF, en su declaración en el juicio, reconoció que trapicheaba con LOFTI SBAI y no así con Jamal AHMIDAN. Por este motivo, el 13 de marzo de 2004, en la celebración de la fiesta de cumpleaños de LOFTI SBAI, aunque Rachid AGLIF no estuvo en la casa de LOFTI, como sí estuvieron TORO CASTRO y Rafa ZOUHIER, se vio con ellos más tarde en una discoteca.

En la declaración de Rafa ZOUHIER, este manifestó que, el 11 de marzo de 2004, TORO CASTRO estuvo en Madrid con su amigo Richard. También estuvo el día anterior, durmieron en Madrid y luego se fueron por la tarde para volver el día 13 de marzo de 2004 a recoger 15 kg de hachís y, de paso, LOFTI SBAI invitó a TORO a su cumpleaños. Ese mismo día, 13 de marzo de 2004, TORO le hizo una importante revelación a ZOUHIER tras regresar de Avilés. Le dijo que su cuñado TRASHORRAS habría vendido o podría ser el que vendió explosivos a los árabes a los que compraban antes hachís en Carabanchel (El Chino y sus socios). TORO le comentó que, el día 12 de marzo, TRASHORRAS había ido a su casa y le había dicho que estaba trabajando o teniendo contactos con los árabes de Madrid y le había confesado que les vendió los explosivos. Entonces, según manifestó Rafa ZOUHIER, este llamó a la UCO para informarles y decirles sus sospechas y la información que había reunido sobre los árabes con los que supuestamente TRASHORRAS había negociado.

Rafa ZOUHIER declaró que siguió en contacto con la UCO y con TORO hasta el 19 de marzo de 2004. Los días 16, 17 y 18 de marzo, estuvo en contacto con la UCO para informarles de todo lo que, sorprendentemente, le iba llegando de información. Manifestó que, hasta el 19 de marzo, estuvo con los asturianos para sacar más información. Entonces, ese mismo día 19 de marzo de 2004, le llamó a su teléfono el guardia civil con el sobrenombre de "Víctor", y se citaron donde siempre (junto a la ermita de El Santo). Allí fue donde se encontró con la sorpresa de que iba a ser detenido.

Asimismo, ZOUHIER afirmó en su declaración que tenía noticias de que El Chino había disparado a un traficante en Bilbao, con la misma pistola que le vendió a LOFTI SBAI un guardia civil del acuartelamiento de Valdemoro, cuyo nombre al parecer era Pedro.

Rafa afirmó que estaba seguro de que este guardia civil había vendido unas armas a LOFTI SBAI porque sus fuentes le dijeron que era "poli". Entonces, le preguntó a LOFTI si sabía que esa persona era policía y este le dijo que no podía ser porque les había vendido las armas a él y a otros. Según Rafa, consiguió el nombre completo del guardia civil por medio de su DNI, cuando fueron a consumir cocaína en una fiesta. Al día siguiente, se lo comunicó a la UCO y les facilitó el nombre. Continuó explicando que, a los dos días, le dijeron que era guardia civil y que estaba fuera de servicio.

Además de los confidentes José Ignacio FERNÁNDEZ DÍAZ, alias *El Nayo,* y Rafa ZOUHIER, hubo una tercera persona que antes ya había advertido a la Guardia Civil de la trama de los explosivos y la petición de ayuda para fabricar bombas activadas por teléfonos móviles, donde aparecían los nombres de TORO CASTRO y TRASHORRAS.

Esta persona, testigo protegido en el juicio por los atentados del 11-M, es Francisco Javier VILLAZÓN LAVANDERA, el cual en esas fechas era portero del club Horóscopo en Gijón.

Los últimos días de agosto de 2001, LAVANDERA llamó a la Comandancia de la Guardia Civil de Gijón, y la llamada fue atendida, debido a la hora en la que se realizó, por la Central Operativa de Servicios (COS). En dicha llamada, LAVANDERA quería participar una serie de cosas en relación con una venta de explosivos, precisamente en el club Horóscopo donde este trabajaba como portero.

El contenido de esa llamada, con el número de teléfono, se reflejó en una nota que se le puso en conocimiento a la mañana siguiente, concretamente hacia el mediodía, sobre las 14:30, a un guardia civil miembro del Grupo de Información perteneciente a la Comandancia de la Guardia Civil de Gijón, cuyo nombre es Campillo, con TP D-48164-D.

Este funcionario policial, en su declaración en el juicio ante las preguntas del Ministerio Fiscal y de las Acusaciones Particulares, manifestó lo siguiente:

. Yo, al día siguiente de hablar con este señor, me entrevisté con él en su domicilio. Esto fue el 28 de agosto de 2001 y acudí a esa entrevista con una grabadora con la intención de grabar la conversación. Cuando llegué a su domicilio en la calle Usandizaga de Gijón, le toqué el timbre y, entre que él bajó, yo puse la grabadora en funcionamiento y en el coche oficial grabé toda la conversación. Lo que me cuenta LAVANDERA en esa cinta sobre los explosivos es que un día TORO CASTRO le paró en Gijón y le dijo: "Ven, ven aquí, ríete ahora de lo que me dijiste el otro día". Entonces, le abrió el maletero del coche y vio que había una cantidad inmensa de explosivos y detonadores.

El vehículo era un Citroën Xsara de color dorado. LAVANDERA estaba seguro de que se trataba de cartuchos de dinamita Goma-2 ECO porque él hacía unos 20 años que había trabajado en una mina como picador y ya utilizaban ese tipo de explosivo.

. **LAVANDERA en esa cinta afirmaba que era TORO CASTRO la persona que lideraba todo el tráfico de explosivos**. Al parecer, TORO le mencionó una persona a quien llamaban "el asesor" quien, en el caso de que a este le pillaran, bastaba una llamada a este señor y estaba fuera en dos minutos. También, se decía en esa cinta que se estaba llegando a un arreglo para que TORO CASTRO saliera de la cárcel.

. El guardia civil Campillo declaró que, tras grabar aquella cinta, se dirigió hacia su oficina e hizo un informe de tres folios que le entregó al teniente quien, en aquellos momentos, era oficiosamente el encargado del Grupo de Información. Campillo afirmó que le entregó a este tanto la cinta como el informe.

A partir de ese momento, el oficial se puso en contacto con el jefe de la Comandancia, el teniente coronel José Antonio

RODRÍGUEZ BOLINAGA y este decidió que la operación Serpiente, la cual está registrada y fue oficial, ejecutada a primeros de septiembre de 2001, a raíz, precisamente, de la grabación y del informe que Campillo hizo, se llevara a cabo por la Unidad Orgánica de Policía Judicial (UCO) y no por el Grupo de Información al que pertenecía el guardia civil Campillo, y que, según este, hubiera sido lo normal por el tema de terrorismo. En cambio, no se le dio importancia a los explosivos y se centraron en las informaciones sobre la droga y los vehículos.

Según manifestó este guardia civil, todo aquello le acarreó muchos problemas. La cinta que fue grabada el 28 de agosto de 2001 no apareció hasta cuatro años más tarde en el puesto de la Guardia Civil de Cancienes, en una mudanza de mobiliario. En el momento de su declaración en el juicio por los atentados, Campillo estaba pendiente de asignación de destino y ya no pertenecía al Grupo de Información. Según este, lo apartaron de la investigación cuando lo normal era que lo hubiera llevado el Grupo de Información al que él pertenecía.

Por último, el teniente coronel de la Comandancia de Gijón, José Antonio RODRIGUEZ BOLINAGA, informó al general Pedro LAGUNA PALACIOS, exjefe de la Comandancia de la Guardia Civil de Asturias, que estuvieron un mes o dos con la denominada Operación Serpiente y que no se llegó a ningún resultado porque la fuente falló. El general mencionó que el nombre de la fuente era VILLAZÓN LAVANDERA.

Por su parte, Francisco Javier VILLAZÓN LAVANDERA fue víctima de numerosas amenazas. Su mujer murió, supuestamente al suicidarse por ahogamiento en una playa, en diciembre de 2004, y LAVANDERA resultó herido leve en un tiroteo en julio de 2006.

Después de todo lo anteriormente expuesto, **Antonio TORO CASTRO** *fue absuelto* **por la Audiencia Nacional de todos los delitos por los que venía acusado.** Igualmente, su hermana y mujer de TRASHORRAS, Carmen TORO CASTRO, la cual tardó poco tiempo en divorciarse de su marido, cuando este ingresó en prisión, también resultó absuelta de todos los delitos por los que venía acusada. Cabe recordar que ella misma era la titular del teléfono en el que se registraron las 63 llamadas con el inspector jefe del Grupo de estupefacientes de Avilés, Manuel GARCÍA RODRÍGUEZ, efectuadas entre finales de noviembre de 2003 y primeros de marzo de 2004. Asimismo, estuvo presente, al igual que su hermano y sin coincidir con este, en una de las dos reuniones que se celebraron en Carabanchel y Moncloa.

Finalmente, el Tribunal Supremo condenó a Antonio TORO CASTRO como autor de un delito de tráfico de explosivos, **sin relación alguna con los atentados, a la pena de cuatro años de prisión.** Algo que resulta sorprendente si tenemos en cuenta que la pena que establece el Código Penal en nuestro país para el tráfico de explosivos es de cuatro a ocho años de prisión, **por lo que se le condenó a la pena mínima para ese delito.**

En cambio, Emilio SUÁREZ TRASHORRAS fue condenado por la Audiencia Nacional, ratificado por el Tribunal Supremo, como autor de los atentados, en concepto de cooperador necesario, a una pena de 34 715 años de prisión.

Siguiendo con el relato de los hechos probados, en ejecución de lo acordado con Jamal AHMIDAN, José Emilio SÚAREZ TRASHORRAS hizo llegar los días 5 y 9 de enero de 2004 dos cargamentos de explosivos desde Asturias hasta Madrid mediante emisarios o transportistas.

En el primero de esos viajes, SUÁREZ TRASHORRAS propuso a **Sergio ÁLVAREZ SÁNCHEZ** que transportara hasta Madrid una bolsa de deportes de unos 40 kg de peso, que debía entregar en la estación de autobuses a una persona que le estaría esperando. Este aceptó y el 5 de enero de 2004 a las 8:00 viajó hasta Madrid desde Oviedo en autobús de la compañía Alsa. Cuando el autobús llegó a Madrid, en la zona de taxis de la estación, Sergio ÁLVAREZ SÁNCHEZ le hizo entrega de la bolsa a Jamal AHMIDAN, que se personó en el lugar conforme habían acordado.

Sobre las 15:00 del mismo día, Sergio ÁLVAREZ SÁNCHEZ tomó el autobús de vuelta a Oviedo y, a su llegada, como pago por el transporte, recibió finalmente dos tabletas de hachís de unos 200 gramos de peso, valoradas por el procesado en más de 700 €.

Para el segundo de los viajes, SUÁREZ TRASHORRAS pensó en el procesado **Iván REIS PALICIO**, sabedor de que este tenía una deuda con Antonio TORO CASTRO derivada del tráfico con hachís y que había sido amenazado por ello. Con tal fin, SUÁREZ TRASHORRAS fue a casa de REIS PALICIO y le ofreció saldar la deuda a cambio de llevar el 9 de enero de 2004 a Madrid una bolsa que le dijo que contenía hachís y que debía entregar "a un árabe" que le llamaría por teléfono cuando estuviese allí. Declinó el ofrecimiento REIS PALICIO. Ante ello, SUÁREZ TRASHORRAS le ofreció darle, además, 300 € en metálico, lo que determinó que aquel aceptara la propuesta.

En cumplimiento de lo acordado, Iván REIS PALICIO tomó el autobús que salía el 9 de enero de 2004 a las 7:30 de la estación de autobuses de Oviedo con destino a Madrid. Antes de partir, SUÁREZ TRASHORRAS le dijo que si el "árabe" le pedía 2000 €, que le dijera que se los habían robado.

Una vez en Madrid, REIS PALICIO contactó con quien resultó ser Jamal AHMIDAN, al que le entregó la bolsa, pero como este le exigió la entrega de 2000 € y REIS PALICIO le dio la excusa sugerida por SUÁREZ TRASHORRAS, entonces Jamal AHMIDAN le quitó la cartera y el teléfono móvil. Finalmente, REIS PALICIO no llegó a cobrar el dinero pactado por el viaje, ni su deuda con Antonio TORO CASTRO fue saldada. Tuvo que marcharse a vivir a las islas Canarias para evitar las amenazas de este.

Para el tercer viaje, SUÁREZ TRASHORRAS propuso a **Iván GRANADOS PEÑA** que llevara a Madrid una bolsa con explosivos, a lo que este se negó, por lo que le hizo la misma propuesta a **Gabriel MONTOYA VIDAL**, el cual aceptó e hizo el viaje en la línea de autobuses Alsa, a finales de enero o primeros de febrero de 2004. Este último, por aquel entonces, era un menor de 16 años y fue condenado como autor de un delito de transporte y suministro de sustancias explosivas en sentencia firme de 17 de noviembre de 2004 del Juzgado Central de Menores. MONTOYA VIDAL, una vez en Madrid, siguiendo las instrucciones de SUÁREZ TRASHORRAS, contactó con Jamal AHMIDAN a quien le entregó la bolsa con los explosivos. Seguidamente, regresó a Asturias.

De lo relatado anteriormente en los hechos probados de la sentencia, resulta extraño que, para hacer llegar los explosivos a una célula terrorista islamista vinculada con Al-Qaeda, los cuales iban a utilizarse para perpetrar el atentado más grave hasta la fecha, no solo en España, sino en toda la Unión Europea, escogieran como transportistas en los dos primeros viajes a dos jóvenes. El primero, Sergio ÁLVAREZ SÁNCHEZ, a quien no se le dice lo que contiene la bolsa y el cual, según declaró ante el tribunal, transportaba una bolsa cerrada con un candado, del cual no tenía llave y que dentro de ella palpó una caja rígida. TRASHORRAS le dijo que contenía DVD pirata. Según ha revelado la abogada de ÁLVAREZ SÁNCHEZ, Carmen PÉREZ CALERO, en el argot manejado por TRASHORRAS y TORO CASTRO en la Operación Pipol por la que ya fueron condenados, "DVD" era la forma de llamar al hachís. El pago por el transporte se le hizo con dos tabletas de hachís, valoradas en unos 700 €.

Al segundo transportista, Iván REIS PALICIO, en el relato de los hechos probados, se le dice que iba a transportar una bolsa que contenía hachís y Jamal AHMIDAN, miembro de la célula terrorista, le quita a este la cartera y el teléfono móvil, por una deuda de 2000 € no cobrada, la cual, según una de las declaraciones que hizo TRASHORRAS, se debía a una partida de hachís, de la cual una parte había resultado de mala calidad. Además, REIS PALICIO, después de entregar esa supuesta bolsa cargada de explosivos, no cobró el dinero pactado ni su deuda con TORO CASTRO quedó saldada. La abogada de REIS PALICIO, María DEL MAR RAMOS, destacó ante el Tribunal del 11-M que su defendido estaba convencido de que lo que transportaba era hachís.

La abogada destacó que su cliente es una persona "con un nivel intelectual escaso" y "una dificultad evidente para comunicarse" y que nunca fue amigo de SUÁREZ TRASHORRAS. Su único contacto con él se debía a que era la persona que le proveía de hachís. Asimismo, la abogada afirmó que en la vista oral no había quedado demostrado que el contenido de esas bolsas fuera explosivo.

En el tercero de los viajes, al transportista MONTOYA VIDAL, que en el momento de los hechos era menor de edad, se le hace la misma propuesta que a Iván GRANADOS PEÑA, es decir, que llevara a Madrid una bolsa con explosivos, lo que no se les había dicho a ninguno de los anteriores y, en cambio, aquí no se sabe con exactitud la fecha ni hora del viaje. Se dice a finales de enero o primeros de febrero y no se detalla el horario, como tampoco se hace referencia al pago por el transporte.

Pero MONTOYA VIDAL, en su declaración, manifestó que no supo del contenido de la bolsa hasta el día siguiente después de su vuelta, cuando se lo dijo Iván GRANADOS PEÑA. Asimismo, declaró que viajó de noche y llegando sobre las 7:00 a Madrid, y que recibió a su regreso a Asturias la cantidad de 1000 € como pago por el transporte.

Siguiendo con el relato de los hechos probados, el día siguiente al viaje de regreso de Madrid a Asturias, Iván GRANADOS PEÑA le dijo a MONTOYA VIDAL que el explosivo que había transportado lo había cogido SUÁREZ TRASHORRAS de la mina en la que había trabajado mientras él vigilaba.

La dinamita era sustraída con la connivencia de algún minero, aprovechando **el nulo control sobre el consumo que había**, pues el encargado, el procesado **Emilio LLANO ÁLVAREZ**, se limitaba a apuntar como utilizada la cantidad que le decían los mineros, **sin comprobación alguna por mínima que fuera**, a pesar de que **los explosivos eran cogidos directamente por los mineros** de las cajas de 25 kg que estaban en las bocaminas y sus alrededores.

De igual modo, **el acceso a los detonadores carecía de todo control, ya que las llaves de los minipolvorines donde se guardaban las tenían los mineros que, al final de la jornada, las dejaban escondidas en una piedra o detrás de un árbol.**

Cuando se detectaba por la Guardia Civil un desfase entre lo anotado en los libros y lo realmente consumido, LLANO

ÁLVAREZ se limitaba a justificarlo como un error de anotación o meramente material. Así lo hizo Emilio LLANO ÁLVAREZ con un desfase de 50 kg de GOMA 2 ECO, en el consumo correspondiente al 1 de marzo de 2004 de la numeración 033N212, uno de los encontrados en la calle Martín Gaite número 40, planta 1.ª, puerta 2.ª de Leganés.

La diferencia de dinamita entre lo realmente consumido y lo recibido y anotado en los libros, se dejaba escondida en el monte de la mina, en un sitio previamente convenido, de donde los recogía SUÁREZ TRASHORRAS u otra persona por encargo de este.

En lo descrito anteriormente por los hechos probados de la sentencia, surgen **dos contradicciones** que describo a continuación:

SUÁREZ TRASHORRAS trabajó en la empresa Caolines de Merillés, propietaria de Mina Conchita, hasta el 19 de agosto de 2002, fecha en la que la Inspección Médica de Avilés le reconoce la última de las cuatro incapacidades laborales, debido a la enfermedad mental que padecía.

Por lo tanto, teniendo en cuenta que la sustracción de los explosivos de Mina Conchita se llevó a cabo a finales de febrero de 2004, SUÁREZ TRASHORRAS necesitaba para ello la colaboración de algún trabajador de la mina. Según consta en los hechos probados de la sentencia, Iván GRANADOS PEÑA le dijo a MONTOYA VIDAL que el explosivo que había transportado lo había cogido SUÁREZ TRASHORRAS de la mina en la que había trabajado mientras él vigilaba.

El artículo 27 del Código Penal establece que son responsables criminalmente de los delitos y faltas los autores y los cómplices.

Asimismo, el artículo 29 del mismo Código Penal establece que son cómplices los que, no hallándose considerados autores, cooperan con la ejecución del hecho con actos anteriores o simultáneos. Iván GRANADOS PEÑA fue procesado por su complicidad en la sustracción de los explosivos de Mina Conchita, pero ya en la primera sentencia dictada por la Audiencia Nacional quedó absuelto de todos los delitos por los que se le acusaba. Por consiguiente, Iván GRANADOS PEÑA no pudo decirle a MONTOYA VIDAL que los explosivos que había transportado en el viaje a Madrid los había cogido SUÁREZ TRASHORRAS de la mina mientras él vigilaba porque quedó absuelto de su complicidad por los hechos que se le imputaban.

Gabriel MONTOYA VIDAL, menor de edad en aquel momento, fue condenado por los atentados del 11-M como autor de un delito de transporte y suministro de sustancias explosivas, en sentencia firme de 17 de noviembre de 2004 del Juzgado Central de Menores, en un procedimiento especial, en el que las Acusaciones Particulares y Asociaciones de Víctimas no pudieron ordenar que se llevaran a cabo diligencias de investigación, debido a que estaba el sumario bajo secreto, por lo que no tuvieron la oportunidad ni tan siquiera de formular preguntas. La fiscal de la Audiencia Nacional, Olga SÁNCHEZ, decidió rebajar de ocho a seis años su petición de condena, por lo que el menor de edad no llegó a ingresar en un centro penitenciario ordinario. Tras cumplir seis años de internamiento en un centro de menores de Madrid, el 12 de junio de 2010, Gabriel MONTOYA VIDAL quedó en libertad, después de proporcionar a la célula terrorista islamista los explosivos que sirvieron para matar a 192 personas.

Por su parte, el encargado de la mina, Emilio LLANO ÁLVAREZ, igualmente procesado por su complicidad en los hechos, también fue absuelto por la Audiencia Nacional de

todos los delitos por los que se le acusaba. LLANO ÁLVA-
REZ, exculpado de su participación en los atentados del
11-M, pasó dos años en la cárcel acusado de haber facilitado la
dinamita a los autores de ese crimen.

Se encontraba en trámite de solicitar una indemnización
por los dos años que pasó en prisión, por la acusación de la
que finalmente fue absuelto. El fiscal solicitaba, en la fase de
instrucción, cinco años de cárcel para el vigilante de Mina
Conchita, sobre la que se afirmaba que había un descontrol
absoluto que favoreció la desaparición de los explosivos que sirvieron para cometer el atentado islamista. La noche del martes
2 de noviembre de 2010, Emilio LLANO ÁLVAREZ falleció
en el Hospital Central de Oviedo, a consecuencia de un cáncer
a los 50 años. Todos los amigos presentes en el acto fúnebre
coincidieron al señalar que la tragedia a la que se vio sometida la familia tras los atentados del 11-M, por los que pasó 22
meses en prisión preventiva, pudo haber sido determinante en
el origen de la enfermedad oncológica que acabó con su vida.

Por lo tanto, según el contenido condenatorio y absolutorio
que dictó la sentencia de la Audiencia Nacional, ratificada por
el Tribunal Supremo, no existen pruebas que demuestren la
sustracción de esos explosivos de Mina Conchita, llevada a
cabo por SUÁREZ TRASHORRAS, puesto que la necesaria
connivencia de los mineros a la que se refieren los hechos probados de la sentencia para llevar a cabo la sustracción de los
explosivos finalmente no se pudo acreditar, al resultar absueltos de complicidad los dos mineros que fueron procesados por
facilitar esa sustracción.

La siguiente contradicción surge en las afirmaciones
que describo a continuación, contenidas en los hechos probados de la sentencia:

- **El nulo control** que existía sobre el consumo de explosivos en Mina Conchita.

- El encargado Emilio LLANO ÁLVAREZ **no realizaba comprobación alguna por mínima que fuera**, a pesar de que **los explosivos eran cogidos directamente por los mineros** de las cajas de 25 kg que estaban en las bocaminas y sus alrededores.

- El acceso a los detonadores carecía de todo control, ya que **las llaves de los minipolvorines donde se guardaban las tenían los mineros que, al final de la jornada, las dejaban escondidas en una piedra o detrás de un árbol.**

Dichas afirmaciones entran en contradicción con la normativa básica en materia de seguridad minera, en vigor en aquellas fechas, en concreto, el Reglamento General de Normas Básicas de Seguridad Minera, RD 863/1985, de 2 de abril.

En dicho reglamento, el artículo 132 dispone que se entienda por depósito de explosivos el lugar destinado al almacenamiento de las materias explosivas y sus accesorios, con todos los elementos muebles e inmuebles que lo constituyan. En cada depósito, podrá haber uno o varios polvorines, que serán un local de almacenamiento sin compartimentos ni divisiones, cuyas únicas aberturas al exterior serán la puerta de entrada y los conductos de ventilación.

Por su parte, **en el artículo 135 del mismo reglamento, se determina que el movimiento de explosivos en los depósitos habrá de ser realizado por personas autorizadas y especialmente instruidas por las empresas. Asimismo, la persona responsable del movimiento de explosivos en los depósitos no podrá entregarlos, en ningún caso, más que mediante recibo y a las personas autorizadas.**

Se establece en dicho artículo, la obligatoriedad de la llevanza de un libro-registro, en todas las explotaciones y obras donde se consuman explosivos. Este libro-registro se llevará al día, con entradas, salidas y existencias.

Igualmente, el encargado de Mina Conchita, Emilio LLANO ÁLVAREZ, en su declaración en el juicio del 11-M, ante las preguntas del Ministerio Fiscal y de las Acusaciones Particulares, manifestó textualmente lo siguiente:

. Que el consumo diario de explosivos lo anotaba en los libros-registro que se llevaban a la inspección de la Guardia Civil, el último día de cada mes.

. Sobre el error que existía el 1 de marzo de 2004 en los libros, lo corrigió ante la Guardia Civil. Le mandaron para ir a buscar el borrador y, tras llevar este, lo corrigieron en su presencia. La Guardia Civil le dijo que se veía claro que era un error de anotación, al pasarlo del borrador a los libros. De hecho, a raíz de ese error, en los días siguientes no se personó la Guardia Civil en la explotación minera.

. "Las inspecciones se realizaban por la Guardia Civil, una, dos o hasta tres veces al mes, sin aviso previo. Yo les abría todos los polvorines, los inspeccionaban y contaban toda la cantidad que había. A continuación, bajaban e inspeccionaban los libros-registro, para comprobar si les coincidían los libros con todos los montones. Siempre les coincidían".

- "Yo nunca noté que desaparecieran explosivos, ni hubo nada que me hiciera sospechar sobre el consumo de estos".

- "A mí siempre me había coincidido lo que había en los minipolvorines, junto con la mercancía que entraba y la que salía".

Por su parte, el Servicio de Intervención de Armas de la Guardia Civil inspeccionó varias veces en 2003 la mina asturiana de Caolines de Merillés, de donde, supuestamente, se robó el explosivo utilizado en los atentados del 11-M, y nunca se detectaron anomalías en el depósito de explosivos y detonadores, ni en el libro de entradas y salidas de estos.

El Servicio de Intervención de Armas de la Benemérita efectuó las preceptivas inspecciones documentales en la mina de Caolines de Merillés, sobre el libro diario de entradas y salidas, así como del libro auxiliar para cada clase de materias. Estas inspecciones son de carácter mensual y en todas ellas no se encontró anomalía alguna.

Además de estas inspecciones ordinarias, el Servicio de Intervención realizó, el 2 de julio de 2003, una inspección inesperada sobre el terreno, para determinar si se cumplían las condiciones de seguridad y, en especial, sobre depósitos auxiliares de distribución (minipolvorines), para ver si contenían las materias reglamentadas en sus interiores (detonadores y explosivos). Así como **si las cerraduras eran de seguridad y las llaves de estos estaban, o bien en la caja fuerte, o en poder de persona autorizada.**

Finalizada esa inspección, se levantó el acta correspondiente y fue firmada por el interventor y el director facultativo, que decía: "Sin novedad", lo que constataba que tampoco se habían apreciado anomalías.

El encargado de la contabilidad de Caolines de Merillés, Jorge Luis DE LA TORRE, ante el Tribunal del 11-M, declaró que el consumo de explosivo en los cuatro o cinco meses precedentes a los atentados fue de 1200 kilos. También, indicó que el consumo medio alcanzaba mensualmente los 1500 kilos, por lo que, desde la perspectiva de los números, **nada le hizo pensar en la existencia de anomalías o altera-**

ciones. Concretó que el consumo anual, calculado en función de la factura del proveedor, era de aproximadamente 17 000 kilos. **Afirmó este que, durante 2003 y los primeros meses de 2004, no encontró diferencias que le hicieran pensar que hubiera algún tipo de sustracción de explosivos.**

Insistió, además, en que no había tenido conocimiento de la imposición de actas de infracción por la Guardia Civil, relacionadas con Mina Conchita. Por tal motivo, comunicó a los agentes que pensaba que los datos que apuntaban a que el explosivo utilizado en la masacre procedía de su empresa, "Se debían a un error", ya que era una empresa modélica que, a lo largo de toda su trayectoria laboral, nunca había tenido negligencia alguna, y **calificó a Emilio LLANO ÁLVAREZ, vigilante de Mina Conchita, como un hombre de confianza muy respetado en la empresa.**

Por su parte, el administrador de Caolines de Merillés, propietaria de Mina Conchita, Emilio FERNÁNDEZ, insistió igualmente en el hecho de que ni la denominada Policía Minera ni la Guardia Civil impusieron nunca una sanción a la empresa. Destacó, también, que en Caolines nunca se tuvo conocimiento de que hubiera explosivo abandonado en Mina Conchita, **salvo, reconoció, uno que localizaron después y que era muy antiguo.**

Emilio FERNÁNDEZ declaró, además, que, si se hubieran producido falsificaciones en los libros, se hubiera enterado y la empresa hubiera recibido una sanción. Precisó que los responsables del control en Mina Conchita, "hombres de confianza", eran el encargado Emilio LLANO ÁLVAREZ y el director facultativo.

Por lo tanto, según la legislación en materia de seguridad minera, en vigor en aquellas fechas, así como por las declaraciones en el juicio del vigilante de Mina Conchita, del encargado de la contabilidad de Caolines de Merillés y del responsable efectivo de dicha empresa, todo ello, junto a las inspecciones llevadas a cabo por la Intervención de Armas y Explosivos de la Guardia Civil, en la citada empresa durante 2003 y primeros meses de 2004, **hace que resulten poco probables las afirmaciones descritas con anterioridad, contenidas en los hechos probados de la sentencia.**

La normativa en materia de seguridad minera, aprobada a partir de los atentados del 11 de marzo de 2004, en concreto, la Orden del Ministerio de la Presidencia 2426/2004, de 21 de julio, que entró en vigor el día 15 de septiembre de 2004, establece que, sobre los explosivos, abarca tanto su fabricación, almacenamiento y utilización como a las empresas que desarrollan dichas actividades. **Esta norma encuentra una finalidad esencial en el perfeccionamiento de los instrumentos de control sobre este tipo de sustancias.**

Por consiguiente, **no se puede hablar de un** *nulo control* sobre el consumo de explosivos, como así se afirma en los hechos probados de la sentencia, sino de **una** *falta de control*, referente a las identificaciones de los materiales, en lo que se refiere, sobre todo, a la anotación de las numeraciones de los cartuchos de dinamita y a las personas intervinientes en el consumo.

Del mismo modo, resulta muy dudoso, por todo lo expuesto con anterioridad, que el vigilante de Mina Conchita, Emilio LLANO ÁLVAREZ, no realizara comprobación alguna, por mínima que fuera, ya que era la persona responsable del movimiento de explosivos, y el artículo 135 del Reglamento General de Normas Básicas de Seguridad Minera establecía que *no podía entregar estos, en ningún caso, más que mediante recibo y a las personas autorizadas.*

Recordemos que Emilio LLANO ÁLVAREZ resultó absuelto por la Audiencia Nacional de todos los delitos por los que venía acusado y, asimismo, en ninguna de las muchas inspecciones llevadas a cabo por la Intervención de Armas y Explosivos de la Guardia Civil, se tiene constancia de acta de infracción alguna, por incumplimiento en materia de seguridad conforme a la ley.

Además, por todo lo expuesto, resulta igualmente muy dudosa la afirmación realizada en los hechos probados de la sentencia, cuando se afirma que el acceso a los detonadores carecía de todo control, ya que las llaves de los minipolvorines donde se guardaban las tenían los mineros que, al final de la jornada, las dejaban escondidas en una piedra o detrás de un árbol.

Recordemos, también, que el día 2 de julio de 2003, en la empresa Caolines de Merillés, la Intervención de Armas de la Guardia Civil llevó a cabo una inspección inesperada sobre el terreno para determinar si se cumplían las condiciones de seguridad y, en especial, sobre depósitos auxiliares de distribución (minipolvorines), para ver si contenían las materias reglamentadas en sus interiores (detonadores y explosivos). Así como **si las cerraduras eran de seguridad y las llaves de estos estaban, o bien en la caja fuerte o en poder de persona autorizada. Finalizada esa inspección, se levantó el acta correspondiente, que fue firmada por el interventor y el director facultativo, y que decía: "Sin novedad", lo que constataba que tampoco se habían apreciado anomalías.**

Siguiendo con el relato de los hechos probados, en febrero de 2004, SUÁREZ TRASHORRAS usaba un vehículo marca Toyota, modelo Corolla, cuya matrícula legítima era la 1891 CFM, pero que tenía puesta la inauténtica 9231 CDW. Dicho vehículo había sido sustraído en Madrid el 18 de septiembre de 2003, usando las llaves que estaban dentro de una mochila.

Jamal AHMIDAN, alias *El Chino*, entregó este coche a SUÁREZ TRASHORRAS el 28 de diciembre de 2003 en Madrid, y este, tras llevárselo a Avilés, a sabiendas de su ilícita procedencia, le cambió al día siguiente las placas de matrícula legítimas por las de otro vehículo de igual marca y modelo, las 9231 CDW. Esa operación es lo que se denomina "doblar" unas placas de matrícula. Se sustrae la documentación de un vehículo (permiso de circulación y tarjeta I.T.V), de igual marca y modelo de aquel otro sustraído y, con esa documentación, en la mayoría de los talleres, por requerimiento del particular, se le hace un duplicado de placas, las cuales se colocan al vehículo sustraído, de igual marca y modelo, de forma que, en un control policial, solo se descubriría su ilícita procedencia en el caso de comprobar el número de bastidor.

Los hechos descritos con anterioridad nos servirán más adelante para narrar una de las incongruencias en la furgoneta Renault Kangoo.

Siguen los hechos probados de la sentencia, relatando que, dos o tres días antes del sábado 28 de febrero de 2004, SUÁREZ TRASHORRAS fue con el entonces menor Gabriel MONTOYA VIDAL hasta Mina Conchita, usando para el desplazamiento el Toyota Corolla con matrícula inauténtica 9231 CDW (placas dobladas). Una vez en la mina, SUÁREZ TRASHORRAS se bajó del coche y estuvo hablando con dos personas que vestían mono azul, mientras el menor esperaba en el vehículo. Cuando regresó, TRASHORRAS comentó: "Esto ya está hecho, esto está bien".

En la tarde del 28 de febrero de 2004, SUÁREZ TRAS-HORRAS fue a buscar a MONTOYA VIDAL en el Toyota Corolla. Le acompañaba Jamal AHMIDAN, alias *El Chino* o *Mowgly*, a quien MONTOYA conocía por haberle entregado la bolsa con explosivos en Madrid, a principios de mes. Estaban acompañados por otro vehículo Volkswagen Golf de color negro, en el que iban los fallecidos Mohamed OULAD AKCHA y Abdennabi KOUNJAA.

Una vez allí, TRASHORRAS y *El Chino* se adentraron en la mina, mientras MONTOYA, KOUNJAA y Mohamed OULAD AKCHA esperaban en los coches. Pasados unos 45 minutos, regresaron ambos y SUÁREZ TRASHORRAS le comentó a Jamal AHMIDAN que se acordara de coger las puntas y tornillos que estaban unos 15 metros más adelante.

Tras esto, regresaron a Avilés, donde los forasteros compraron tres mochilas, tres macutos o bolsas de deportes, tres linternas, dos pares de guantes, alimentos y otros efectos en el Centro Comercial Carrefour, tras lo cual se reunieron con Emilio SUÁREZ TRASHORRAS y MONTOYA VIDAL en la casa del primero, sita en la calle Llano Ponte.

A continuación, los cuatro, MONTOYA VIDAL junto con Jamal AHMIDAN, a bordo de un Ford Escort de color blanco y Mohamed OULAD AKCHA con Abdennabi KOUNJAA en el Volkswagen Golf, se encaminaron otra vez a la mina. Antes de llegar, dejaron el Golf en un aparcamiento que hay pasado un puente y siguieron camino los cuatro, en el Ford Escort hasta la mina donde se adentraron con las mochilas y bolsas, salvo MONTOYA VIDAL, **que se quedó ocultando el coche tras unos arbustos.**

Pasadas varias horas, regresaron los tres forasteros con las bolsas y mochilas cargadas y le comentaron a MONTOYA VIDAL que se habían perdido y habían tenido que llamar a TRASHORRAS. El cargamento fue introducido en el Ford Escort y emprendieron el camino de regreso a Avilés.

En el trayecto se cruzaron con SUÁREZ TRASHORRAS que iba en el Toyota Corolla. Este paró el vehículo y subió a MONTOYA VIDAL con él. Con esta distribución en los coches, se dirigieron al garaje de TRASHORRAS en Avilés y allí **sacaron los explosivos de las mochilas que iban en el Ford Escort y las pasaron al Volkswagen Golf**. Seguidamente, volvieron todos, salvo SUÁREZ TRASHORRAS a la mina por tercera vez y repitieron la operación para regresar cargados al garaje de Emilio SUÁREZ TRASHORRAS, desde donde cerca del mediodía del 29 de febrero, Jamal AHMIDAN, Mohamed OULAD AKCHA y Abdennabi KOUNJAA emprendieron el viaje de vuelta a Madrid con los explosivos. El primero iba solo en el vehículo Toyota Corolla y, los otros dos, en el Volkswagen Golf.

Durante el viaje de regreso, Jamal AHMIDAN conducía un vehículo Toyota Corolla que portaba la matrícula inauténtica 9231 CDW (placas dobladas). Fue detenido por una patrulla de la Guardia Civil de Tráfico, en torno a las 16:15 en el kilómetro 12,500 de la CN-623, sentido Madrid y exhibió a los agentes un pasaporte belga inauténtico a nombre de **Youssef Ben Salan**. Estos, tras denunciarle por exceso de velocidad y por no tener la documentación del vehículo en regla, le dejaron marchar.

En estos párrafos, en los cuales se detallan los viajes hechos hasta Mina Conchita para la sustracción de los explosivos, surgen algunas **contradicciones** que describo a continuación.

En primer lugar, en los hechos probados se afirma que SUÁREZ TRASHORRAS le propuso a Iván GRANADOS PEÑA que llevara a Madrid una bolsa con explosivos, a lo que este se negó, por lo que le hizo la misma propuesta a MONTOYA VIDAL, quien aceptó e hizo el viaje. Pero, en la declaración de este último ante el Ministerio Fiscal, afirmó **que no tuvo conocimiento del contenido de la bolsa hasta el día siguiente**. En esta declaración, ante las preguntas de la fiscal Olga SÁNCHEZ, el menor Gabriel MONTOYA VIDAL manifestó que sabía que TRASHORRAS trabajaba en una mina, **pero no recordaba cómo se había enterado**. Textualmente dijo: "No sé cómo me enteré". "Me enteré por ahí". Pero, en los hechos probados de la sentencia, se afirma que Iván GRANADOS PEÑA le dijo a MONTOYA VIDAL que el explosivo que había transportado a Madrid lo había cogido SUÁREZ TRASHORRAS de la mina en la que había trabajado mientras Iván vigilaba.

En la tarde del 28 de febrero de 2004, los hechos probados relatan que SUÁREZ TRASHORRAS, en compañía de Jamal AHMIDAN, fue a buscar a MONTOYA VIDAL en el Toyota Corolla. Iban acompañados por otro vehículo Volkswagen Golf de color negro, en el que iban los fallecidos Mohamed OULAD AKCHA y Abdennabi KOUNJAA.

Pero, en su declaración, ante las preguntas de la fiscal, MONTOYA VIDAL afirmó que él iba junto a TRASHORRAS en el Toyota Corolla, **mientras Mowgli o Jamal AHMIDAN y las otras dos personas iban en el Golf negro.**

Siguiendo con la declaración de MONTOYA VIDAL, en el siguiente desplazamiento a la mina, este iba junto con Mowgli en un Ford Escort blanco y, los otros dos forasteros, en el Golf negro. MONTOYA VIDAL manifestó que se fue con Mowgli en el Ford Escort, conduciendo Mowgli porque se lo había pedido TRASHORRAS para que le indicara el camino. Pero, tanto en su declaración como en los hechos probados, se afirma que en el viaje anterior a este, SUÁREZ TRASHO-RRAS, junto con Jamal AHMIDAN o Mowgli, se dirigió a la mina por un sendero, mientras los otros esperaban en los coches. Por lo tanto, no tiene ningún sentido que MONTOYA VIDAL acompañara a Mowgli en el Ford Escort para indicarle el camino, si este ya se había adentrado en la mina por un sendero del monte, cosa que MONTOYA VIDAL no había hecho.

En este mismo viaje, los hechos probados afirman que los tres forasteros se adentraron hasta la mina con las mochilas y bolsas, salvo MONTOYA VIDAL que se quedó ocultando el coche tras unos arbustos. Pero el menor, en su declaración, **afirmó que se quedó en el coche al lado de la carretera** porque se lo indicó TRASHORRAS, por si venía la policía para que dijera que estaba descansando.

Pasadas varias horas y siguiendo con lo descrito en los hechos probados, regresaron los tres forasteros con las bolsas y mochilas cargadas, y le comentaron a MONTOYA que se habían perdido y habían tenido que llamar a TRASHORRAS. En el trayecto se cruzaron con SUÁREZ TRASHORRAS, que iba en el Toyota Corolla. Él paró el vehículo y subió a MONTOYA con él, y se dirigieron con esa distribución en los coches al garaje de TRAS-HORRAS en Avilés. Pero, en su declaración, el menor MON-TOYA VIDAL afirmó que se perdieron por el monte y llamaron a TRASHORRAS que iba de camino, encontrándose en un pueblo a medio camino entre Avilés y la mina, dando TRASHORRAS la vuelta y regresando los tres vehículos al garaje de este en Avilés. Lo contradictorio aquí es que, si se perdieron en el monte, como declara MONTOYA, no tiene sentido que se encontraran en un pueblo a medio camino. Además, MONTOYA VIDAL no dice que se subió en el coche con TRASHORRAS de regreso a Avilés.

Una vez en el garaje de TRASHORRAS, los hechos probados de la sentencia afirman que sacaron los explosivos de las mochilas que iban en el Ford Escort y las pasaron al Volkswagen Golf.

Pero MONTOYA VIDAL, en su declaración ante las preguntas de la fiscal Olga SÁNCHEZ, **afirmó que en el garaje los explosivos se metieron en el Toyota Corolla, volviendo otra vez a la mina en el Toyota, y rectificó, tras ser preguntado por la fiscal, ya que había manifestado que los explosivos se habían metido en el Toyota, y dijo, entonces, que volvieron a la mina en el Golf, lo cual tampoco tiene sentido según los hechos probados porque en este vehículo se habían cargado los explosivos.** Quizá por ello, en el último viaje a la mina para cargar los explosivos que quedaban, no se hace referencia a vehículo alguno ni procedimiento. Palabras textuales de los hechos probados: "Seguidamente volvieron todos, salvo SUÁREZ TRASHORRAS, a la mina por tercera vez y repitieron la operación para regresar cargados al garaje de TRASHORRAS, desde donde, cerca del mediodía del día 29 de febrero, Jamal AHMIDAN, Mohamed OULAD AKCHA y Abdennabi KOUNJAA emprendieron el viaje de regreso a Madrid con los explosivos".

La declaración de MONTOYA VIDAL ante el Ministerio Fiscal, concluyó manifestando que, a los pocos días de lo anteriormente relatado, TRASHORRAS le encargó bajar a Madrid para recoger el Toyota Corolla, al que lo tenían unos marroquíes, uno de los cuales había estado en Avilés. Le entregaron el vehículo en la estación de autobuses de Madrid y se fue con el coche hacia Toledo para ver a sus tíos. No tenía permiso de conducir y tuvo un accidente por salida de vía, a las 0:30 del 5 de marzo de 2004 en la carretera A-42, kilómetro 24,9 dirección a Toledo, cuando circulaba a gran velocidad perseguido por un patrulla de la Policía Municipal de Madrid. El Toyota Corolla resultó con daños y TRASHORRAS se enfadó, por lo que se produjo un distanciamiento entre ambos.

Durante el viaje de regreso a Madrid, el 29 de febrero de 2004, cuando Jamal AHMIDÁN conducía el Toyota Corolla que portaba la matrícula inauténtica 9231-CDW (placas dobladas), este fue detenido por un patrulla de la Guardia Civil de Tráfico en torno a las 16:15 en el kilómetro 12,500 de la CN-623, sentido Madrid, y exhibió a los agentes un pasaporte belga inauténtico a nombre de Youssef BEN SALAN. Estos, tras denunciarle por exceso de velocidad y por no tener la documentación del vehículo en regla, le dejaron marchar.

Según los hechos probados de la sentencia, a finales de enero de 2004, Jamal AHMIDAN encargó al procesado Nasreddine BOUSBAA, la manipulación o falsificación de tres documentos de identidad, los cuales se encontraron en el desescombro del piso de Leganés.

Dichos documentos eran un pasaporte español a nombre de Mohamed Mohamed ALI, en el que insertó la fotografía del suicida Abdennabi KOUNJAA, un permiso de conducir español, en el que figuraba la fotografía de Jamal AHMIDAN y un pasaporte español a nombre de Mustafa MOHAMED LARBI, con la fotografía de Jamal AHMIDAN.

Lo que resulta extraño aquí es el hecho de que Jamal AHMIDAN, jefe de la célula terrorista, delincuente común con antecedentes policiales, el cual, además, el 31 de diciembre de 2003 le había pegado un tiro en la rodilla a Larbi RAICHI, en el bar Txikia de Bilbao por una deuda de narcotráfico, después de hacerle el encargo a Nasreddine BOUSBAA, a finales de enero de 2004, no recibiera la documentación alterada hasta los primeros días de marzo de ese mismo año. Por lo que el jefe de la célula terrorista que viajaba de regreso a Madrid desde Avilés, en un coche sustraído con placas dobladas y cargado con parte de los explosivos que se iban a utilizar en los atentados del 11-M, no recibió esa documentación alterada, entre la que se encontraban un permiso de conducir y un pasaporte, ambos españoles, con la fotografía de Jamal AHMI-DAN, hasta principios del mes de marzo, posterior a ese viaje, portando en ese momento un pasaporte belga falsificado. **No tiene ningún sentido que, habiendo hecho tal encargo, no se hubiera asegurado el tener en su poder esa documentación española, para evitar sospechas en el momento de realizar ese viaje para transportar los explosivos.**

Lo descrito hasta ahora son las contradicciones encontradas en los hechos probados de la sentencia, que relatan la trama asturiana de tráfico de explosivos de Mina Conchita.

A continuación, realizo un **breve resumen aclaratorio** para que resulte más fácil su comprensión.

La connivencia de algún trabajador de la mina, necesaria para la sustracción de los explosivos, puesto que SUÁREZ TRASHORRAS había trabajado en Mina Conchita hasta el 19 de agosto de 2002, cuando la Inspección Médica de Avilés le concedió la última de las cuatro incapacidades laborales, se intentó probar con el procesamiento por complicidad de Iván GRANADOS PEÑA y el encargado de la mina Emilio LLANO ÁLVAREZ. Pero, en cambio, ya en la sentencia de la Audiencia Nacional resultaron ambos absueltos de los delitos por los que se les acusaba.

Para los tres viajes que se realizaron en autobús de la compañía Alsa, donde supuestamente se transportaban explosivos en bolsas de deporte, se utilizaron como transportistas a tres jóvenes, dos de ellos de 21 y 22 años, respectivamente.

De estos, el primero no sabía del contenido de la bolsa, pensando que se trataba de hachís y recibiendo como pago dos tabletas de hachís valoradas en unos 700 €. Por su parte, al segundo, SUÁREZ TRASHORRAS le dijo que el contenido de la bolsa era hachís, ofreciéndole saldar la deuda que tenía con su cuñado TORO CASTRO, derivada del tráfico con hachís, además de 300 € en metálico. Finalmente, tras entregar la bolsa supuestamente cargada con los explosivos, ni su deuda quedó saldada ni tan siquiera cobró lo pactado en metálico y fue víctima, además, del robo de su cartera y teléfono móvil por Jamal AHMIDAN en el momento de la entrega, al no darle a este la cantidad en metálico de 2000 €, en concepto de deuda que SUÁREZ TRASHORRAS le debía a Jamal AHMIDAN.

El tercer transportista era un menor de edad que, en el momento de los hechos, tenía 16 años, al cual en el ofrecimiento, TRASHORRAS sí le dijo a este que su contenido eran explosivos, realizando el viaje, sin constar en los hechos probados, el horario de este ni cobro alguno, aspectos que sí se describen en la declaración del menor ante el Ministerio Fiscal.

Asimismo, todo indica que el menor Gabriel MONTOYA VIDAL mintió en su declaración al afirmar que Iván GRANADOS PEÑA le contó a este que los explosivos que había transportado los había sacado TRASHORRAS de la mina donde había trabajado mientras él (Iván) vigilaba, puesto que este último resultó absuelto de la complicidad y, por tanto, no le pudo decir lo que no hizo.

Por último, en los desplazamientos a Mina Conchita para la sustracción de los explosivos, primero SUÁREZ TRASHORRAS viajó con el menor MONTOYA VIDAL para entrevistarse en la mina con dos personas que vestían mono azul, mientras el menor se quedaba en el coche. En el siguiente desplazamiento, TRASHORRAS junto con Jamal AHMIDAN, se adentraron por un sendero hasta la mina, mientras el menor y los dos forasteros esperaban en los coches.

Finalmente, se realizaron dos viajes a la mina para la sustracción de los explosivos, en los que se desplazaron el menor y los tres forasteros en dos vehículos. **Hemos probado varias contradicciones en la declaración del menor MONTOYA VIDAL, ante las preguntas de la fiscal Olga SÁNCHEZ, en relación con los hechos probados de la sentencia, en lo que a estos viajes se refiere. Dichas contradicciones deberían haber restado credibilidad a la declaración del menor pero, en cambio, sirvieron para probar que los explosivos utilizados en los atentados del 11-M procedían, sin ninguna duda, de Mina Conchita.**

La fiscal Olga SÁNCHEZ rebajó la condena al menor Gabriel MONTOYA VIDAL de ocho a seis años de internamiento en un centro de menores, por lo que el menor no llegó a ingresar en un centro penitenciario común y fue juzgado en procedimiento especial aparte. Desde junio de 2010, se encuentra en libertad por el delito de suministro de explosivos en colaboración con banda armada, con el resultado de 192 muertos y 1857 heridos.

2 - Registro en viviendas

Al menos una parte sustancial de los explosivos fue ocultada en la finca que Jamal AHMIDAN, alias *El Chino*, venía usando desde octubre de 2003 y cuyo alquiler, bajo la identidad falsa de Youssef BEN SALAN, había formalizado con su propietaria con la firma de un contrato fechado el 28 de enero de 2004.

En dicha finca se efectuaron, durante enero y febrero, algunas obras y trabajos de acondicionamiento. Entre ellos, con el objeto de ocultar la dinamita u otros objetos o sustancias prohibidas, los procesados Othman EL GNAOUI y Hamid AHMIDAN hicieron un agujero en el suelo de un cobertizo que había junto a la casa. Lo forraron con planchas de un material aislante sintético llamado **"porexpán"** y lo taparon de forma que no era fácilmente distinguible del resto del suelo del habitáculo.

La finca era frecuentada también por los procesados **EL FADOUAL EL AKIL** quien, incluso, contrató por encargo de El Chino a una persona no imputada, Mohamed EL HADDAD, para que hiciera trabajos de albañilería en la vivienda, y por el también procesado Abdelmajid BOU-CHAR, miembro del grupo, además de por los fallecidos Mohamed y Rachid OULAD AKCHA, Abdennabi KOUN-JAA, Rifaat ANOUAR ASRIH y Sarhane BEN ABDELMA-JID FAKHET.

El procesado Abdelilah EL FADOUAL EL AKIL era íntimo amigo y compinche en actividades delictivas de Jamal AHMIDAN, alias *El Chino*, y con él iba a ir a Chechenia a finales de 1999 "a hacer la Yihad". EL FADOUAL EL AKIL conocía de primera mano sus ideas radicales y su determinación de ejecutar actos violentos contra "los infieles".

En 2000, durante un viaje a Holanda, EL FADOUAL EL AKIL y Jamal AHMIDAN, contactaron con Imad Eddin BARAKAT YARKAS, máximo responsable en la época del reclutamiento de terroristas yihadistas.

El 27 de febrero de 2004, EL FADOUAL EL AKIL emprendió viaje hacia Madrid desde Ceuta. Para ello, cruzó el estrecho de Gibraltar hasta Cádiz y se dirigió en un coche de su propiedad, marca BMW, hasta la capital de España, donde estaba citado como acusado en un juicio del Juzgado de lo Penal número 6, señalado para el día 1.º de marzo.

EL FADOUAL EL AKIL se puso en contacto con Jamal AHMIDAN y se dirigió el mismo 1.º de marzo a la finca que este tenía en Chinchón, donde le pidió que se llevase a Ceuta el Volkswagen Golf, matrícula 0500 CHB, en cuyo maletero habían transportado la dinamita desde Asturias el día anterior.

EL FADOUAL EL AKIL, sabiendo que lo que querían era ocultar ese vehículo y alejarlo de Madrid, hizo lo que le pedía su amigo el día 3 de marzo y regresó a Ceuta con ese coche. En esa ciudad fue intervenido el vehículo antes reseñado el 6 de abril, cuatro días después de su detención el 2 de abril de 2004.

A las 16:15 del 26 de marzo de 2004, se procedió al registro de la vivienda sita en la avenida Cerro de los ángeles número 30, bajo A, de Madrid, cuyo arrendatario y morador conocido era un primo del procesado Hamid AHMIDAN que se encuentra en paradero desconocido.

En la vivienda había 59 kg con 254 g de hachís, con una riqueza de THC entre el 21,9% y el 5,6% y más de 125 000 pastillas, con un peso total de 32,359 gramos. También, se encontró en el salón una balanza o báscula digital con bandeja. Además, se encontraron 19 010 € en metálico y documentación personal inauténtica.

El 27 de marzo de 2004, se encontró en el domicilio conocido hasta entonces como de Hamid AHMIDAN, sito en la calle Acebuchal, número 9, bajo A, de Madrid, una tableta de hachís con un peso de más de 300 gramos, que estaba escondida en el altillo de un armario del pasillo.

Hamid AHMIDAN usaba habitualmente un coche marca Renault, modelo Mégane, matrícula M-2075-UV, de color rojo, propiedad de su primo Hicham AHMIDAN, que fue inspeccionado por la policía que encontró en su interior **cuatro camisetas, un pantalón corto de deporte y unos guantes amarillos, todos ellos pertenecientes al propietario de la furgoneta Renault Kangoo** que había sido sustraída entre el 27 y 28 de febrero de 2004, en la calle Aranjuez de Madrid y que fue usada por tres miembros del grupo terrorista para desplazarse hasta Alcalá de Henares.

El día 2 de abril de 2004, se localizó un artilugio explosivo bajo la vía del tren de alta velocidad Madrid–Sevilla, a su paso por la localidad toledana de Mocejón, que había sido colocado por miembros del mismo grupo que había ubicado los explosivos en los trenes de cercanías el 11 de marzo.

Dicha bomba estaba compuesta por 12 kg de dinamita de la marca Goma 2 ECO, cableado y un detonador igual a dos de los encontrados en la furgoneta Renault Kangoo 0576 BRX, intervenida en Alcalá de Henares.

De lo relatado anteriormente en los hechos probados de la sentencia, describo a continuación las **contradicciones** encontradas:

En el relato de los hechos probados, se afirma que al menos una parte sustancial de los explosivos fue ocultada en la finca que Jamal AHMIDÁN, como arrendatario, venía usando desde octubre de 2003, situada en la ciudad de Chinchón, a unos 45 km del sureste de Madrid. Cuando se habla de algunas obras y trabajos de acondicionamiento **con el objeto de ocultar la dinamita**, los procesados Othman EL GNAOUI y Hamid AHMIDAN, hicieron un agujero en el suelo de un cobertizo que había junto a la casa. En los hechos probados, se dice que lo forraron con planchas de un material aislante sintético llamado "porespán", pero aquí hay un error de ortografía, se escribe **"porexpán"** o poliestireno expandido (EPS). Se trata de un material plástico espumado, utilizado en el sector del envase y la construcción. Su cualidad más destacada es su higiene, al no constituir sustrato nutritivo para microorganismos. No se pudre, no se enmohece ni se descompone, lo que le convierte en un material idóneo para la venta de productos frescos. Se caracteriza por su resistencia a la humedad. **Este material también se utiliza para el crecimiento en el cultivo de la marihuana, ya que conserva el calor natural del sol, se reviste el suelo y se coloca un zócalo interior de poliestireno, rodeando todo el perímetro. Por lo tanto, serviría también para conservar hachís, que es lo que se encontró en el registro de las dos viviendas.**

Recordemos que, en el primer registro realizado el 26 de marzo de 2004, en la vivienda sita en la avenida Cerro de los ángeles número 30, bajo A, de Madrid, cuyo arrendatario y morador era un primo del procesado Hamid AHMIDAN, se encontraron 59 kg con 254 g de hachís y más de 125 000 pastillas, así como una balanza o báscula digital con bandeja y 19 010 € en metálico. Por su parte, en el registro de la segunda vivienda, realizado el 27 de marzo de 2004, sita en la calle Acebuchal, número 9, bajo A, de Madrid, domicilio del procesado Hamid AHMIDAN, se encontró una tableta de hachís con un peso de más de 300 gramos.

Por lo que todo indica que esos trabajos de acondicionamiento se hicieron para ocultar droga, en especial hachís y no dinamita, como se afirma en los hechos probados de la sentencia.

La **siguiente contradicción** la considero de importancia y aparece en el relato de los hechos probados, cuando se afirma que el procesado EL FADOUAL EL AKIL, íntimo amigo y compinche en actividades delictivas de Jamal AHMIDAN, conociendo de primera mano sus ideas radicales y su determinación de ejecutar actos violentos contra "los infieles", el 1.º de marzo de 2004, se dirigió a la finca en Chinchón para ponerse en contacto con Jamal AHMIDAN, **donde este le pidió que se llevase a Ceuta el Volkswagen Golf, en cuyo maletero habían transportado la dinamita desde Asturias el día anterior.**

EL FADOUAL EL AKIL, sabiendo que lo que querían era ocultar ese vehículo y alejarlo de Madrid, hizo lo que le pedía su amigo el 3 de marzo y regresó a Ceuta con ese coche. En esa ciudad fue intervenido el vehículo antes reseñado el 6 de abril, cuatro días después de su detención el 2 de abril de 2004.

Lo contradictorio aquí es que, por este motivo, EL FADOUAL EL AKIL fue condenado por la Audiencia Nacional a la pena de 9 años de prisión por el delito de colaboración con banda armada, organización o grupo terrorista. Pero, finalmente, **el Tribunal Supremo lo absolvió y quedó en libertad. Por lo tanto, no existen pruebas de su colaboración con la célula terrorista encabezada por Jamal AHMIDAN, como tampoco de que en el vehículo Volkswagen Golf se hubieran transportado los explosivos.**

Además, considero **una incongruencia** que, en la inspección que hace la policía en el vehículo turismo Renault Mégane, usado habitualmente por Hamid AHMIDAN, aparecen en su interior cuatro camisetas, un pantalón corto de deporte y unos guantes amarillos, todos ellos pertenecientes al propietario de la furgoneta Renault Kangoo. No tiene ningún sentido que, habiendo decidido parte de los miembros de esa célula terrorista que colocaron las bombas no suicidarse en las explosiones de esos trenes, además con la intención de seguir cometiendo atentados, como demuestra el hecho del artilugio explosivo localizado bajo la vía del tren de alta velocidad Madrid-Sevilla el 2 de abril de 2004, y que, habiendo recuperado la policía la furgoneta Renault Kangoo la misma mañana de los atentados del 11 de marzo de 2004, hubieran decidido coger de esta, en los días anteriores al atentado, unas prendas como las descritas, propiedad del titular de la furgoneta, **sin la menor utilidad**, las cuales iban a seguir llevando en un vehículo utilizado por uno de sus miembros para incriminarles.

3 - Furgoneta renault kangoo

A primera hora de la mañana del 11 de marzo de 2004, tres miembros de la célula terrorista descrita, sin que se tenga la certeza absoluta de sus identidades, se desplazaron hasta la localidad de Alcalá de Henares en una furgoneta blanca marca Renault, modelo Kangoo, matrícula 0576-BRX, portando varias bolsas de deportes o mochilas que contenían artefactos explosivos.

La furgoneta Kangoo había sido sustraída entre las 13 horas del día 27 y la 1 de la madrugada del 28 de febrero de 2004, de la calle Aranjuez número 15 de Madrid, lugar donde se había dejado estacionada.

Poco antes de las 7 horas del 11 de marzo, los ocupantes del referido vehículo lo estacionaron en la calle Infantado de Alcalá, próxima a la estación de cercanías, donde fueron vistos por el conserje o portero de una finca aledaña. Tras bajarse de la furgoneta, se dirigieron a la estación y colocaron en varios trenes que tenían por destino Madrid un número indeterminado de bolsas de deporte o mochilas que contenían cargas explosivas. Al mismo tiempo, otros miembros del grupo hacían lo mismo, subiendo a los trenes en lugares no determinados del trayecto entre la estación de ferrocarril de cercanías de Alcalá de Henares y la estación de Madrid-Atocha.

Uno de los miembros del grupo, **que no ha podido ser identificado de forma indudable**, tras colocar una o más bombas, fue visto sobre las 7:45, cambiándose de ropa entre dos casetas de una obra, frente a la estación de cercanías de Vicálvaro. Allí dejó abandonados un pantalón vaquero azul, una sudadera, unos guantes de lana y una bufanda negra.

Entre los perfiles genéticos encontrados en la sudadera, estaba el del procesado **Othman EL GNAOUI**.

Alrededor de las diez y media de la mañana del mismo día 11 de marzo de 2004, el portero de la finca sita en el número 5 de la calle Infantado de Alcalá de Henares, que había visto sobre las 7:00 a tres individuos bajarse de la furgoneta Renault Kangoo, matrícula 0576-BRX a 100 metros escasos de la estación de cercanías de Alcalá, pensó que este hecho podía estar relacionado con los atentados. Por lo que, por medio del presidente de la comunidad de vecinos, dieron la información a los policías que había en la estación. Estos, tras comprobar que la furgoneta había sido denunciada como robada, establecieron un cordón de seguridad alrededor del vehículo y desalojaron los edificios cercanos.

En torno a las 11 horas, llegaron al lugar funcionarios de la Brigada Provincial de Información de Madrid, especialistas en terrorismo. El funcionario número 79 858 procedió a una inspección ocular externa del vehículo, incluidos los bajos, **con el fin de descartar la presencia de un artilugio explosivo**. Para ello, miró a través del parabrisas y de los cristales laterales de las dos puertas delanteras, pues el resto era opaco, y no observó a simple vista nada que entrañara un riesgo aparente. A continuación, hizo lo mismo el inspector jefe de Policía Científica de la Comisaría de Alcalá de Henares, con idéntico resultado, apreciando que el habitáculo interior estaba formado por dos asientos ––conductor y acompañante–– y la zona de carga, y que ambas partes estaban separadas por una rejilla metálica.

También, se desplazó hasta la calle Infantado una dotación de policía con perros adiestrados en la detección de explosivos.

Tras hacer con los perros un primer rastreo externo sin resultados, **dado que la visión desde el exterior era incompleta**, se decidió antes de llevarse la furgoneta con una grúa, apalancar su puerta trasera e introducir a uno de los animales, cuyo guía era el funcionario con número 28 226. El rastreo dio también resultado negativo.

Comprobado que se podía mover la furgoneta sin peligro, se procedió a remolcarla para llevarla a la Comisaría de Alcalá. Los funcionarios se percataron de que se movía con dificultad porque tenía engranada una marcha. Ante ello, **el funcionario 75 039, provisto de guantes, entró por detrás**, liberó el seguro de la puerta delantera e, introduciendo la mano desde el exterior, colocó la palanca de cambio en punto muerto. A continuación, cerró la puerta sin volver a poner el seguro.

En el transcurso de esa operación, cuando eran alrededor de las 14:15, el comisario jefe de la Comisaría General de Policía Científica ordenó que la furgoneta fuera trasladada a las dependencias de la policía en Canillas (Madrid), en vez de a la Comisaría de Alcalá, lo que obligó a cambiar de vehículo grúa, pues el primero carecía de autorización para salir de la zona urbana.

Finalmente, la furgoneta fue llevada hasta el complejo policial de Canillas, donde llegó en torno a las 15:30. En ese momento, fueron avisados desde el control de entrada los funcionarios policiales números 75 036 y 59 151, para que, siguiendo órdenes, hicieran una primera inspección ocular completa de esta. En ella también intervino el funcionario número 19 245.

En el transcurso de la inspección, dichos funcionarios encontraron debajo del asiento delantero derecho una bolsa de basura de color azul semitransparente, con siete detonadores industriales eléctricos, un extremo de un cartucho de dinamita plástica de color blanco marfil con papel parafinado y cableado unifilar de cobre, recubierto de plástico de color rojo y azul.

Todos estos detonadores eran idénticos a los que más tarde se descubrirían, cebando un artefacto explosivo que se desactivó en el parque Azorín de Madrid, en el registro de la finca de Chinchón y en el desescombro de la calle Martín Gaite de Leganés, hechos que se relatarán más adelante.

Además, encontraron una cinta de casete con caracteres árabes, tres guantes, un chaleco reflectante, **dos triángulos de emergencia**, dos bufandas, un *slip*, una bayeta, un trapo, un jersey, siete bolsas de plástico, **una maza**, **una cadena**, un paraguas, dos linternas, **un listón de madera**, **un bidón de aceite**, siete cartas, **tres piezas de poliuretano**, **un saco**, **dos mantas**, un fluido, una agenda, un sobre, una multa de aparcamiento, una tarjeta de visita, un peine, una caja de cerillas, un llavero, una caja de grapas, un bolígrafo, dos monedas de cien pesetas, dos frontales de radiocasete, varias cintas de radiocasete, un papel manuscrito, una solicitud de baja de vehículos, una factura de recambios, una etiqueta, diez colillas, una cartera con la documentación del vehículo, una revista, dos lápices, un espejo pequeño, una barra para tratamiento de picaduras y una cajita de cáncamos.

También, se recogieron restos biológicos del volante, palanca de cambio y freno de mano, 41 huellas lofoscópicas asentadas en el interior, 15 en el exterior y muestras de flora.

De lo relatado anteriormente en los hechos probados sobre la furgoneta Renault Kangoo, describo a continuación lo que considero incongruente:

En primer lugar, **considero una incongruencia** lo relatado en los hechos probados de la sentencia, referente al momento cuando, a primera hora de la mañana del 11 de marzo de 2004, tres miembros de la célula terrorista, sin que se tenga la certeza absoluta de sus identidades, se desplazaron hasta Alcalá de Henares en una furgoneta blanca Renault Kangoo, matrícula 0576-BRX, portando varias bolsas de deportes o mochilas que contenían artefactos explosivos.

En los meses anteriores al atentado del 11 de marzo de 2004, en concreto el 24 de diciembre de 2003, dos meses y medio antes de los atentados, la Policía Nacional había detenido a dos etarras que pretendían cometer un atentado con dos maletas-bomba, en la estación madrileña de Chamartín.

También el 28 de febrero de 2004, se había interceptado a otros dos miembros del grupo terrorista ETA, que se dirigían a Madrid, con una furgoneta cargada con más de 500 kg de explosivos.

Las Fuerzas y Cuerpos de Seguridad estaban en alerta ante el riesgo de un atentado terrorista, por lo que no tiene ningún sentido que la célula terrorista descrita robase la furgoneta Renault Kangoo entre las 13 horas del día 27 y la 1 de la madrugada del 28 de febrero de 2004, en la calle Aranjuez número 15 de Madrid y tuviera dicho vehículo 13 días en su poder con la intención de desplazarse hasta Alcalá de Henares en dicha furgoneta, con varias bolsas o mochilas en su interior, cargadas de artefactos explosivos, y no se molestara en doblar las placas de matrícula cuya sustracción había sido denunciada.

A la hora en que esos tres miembros de la célula terrorista sin identificar se desplazaron hasta Alcalá de Henares, es decir, poco antes de las 7:00 del jueves 11 de marzo de 2004, ya son bastantes los conductores que se desplazan por carretera en los vehículos a sus puestos de trabajo. Por lo tanto, los tres miembros de la célula terrorista descrita, que estaban a punto de cometer el atentado más sangriento hasta la fecha en toda la Unión Europea, minuciosamente planificado con anterioridad, dejaron al azar el hecho de ser descubiertos, circulando con una furgoneta cargada de explosivos, cuya placa de matrícula en cualquier control policial, o estando implicados en cualquier accidente de circulación, hubiera figurado denunciada por la sustracción del vehículo, con la consiguiente detención de sus ocupantes y el atentado frustrado.

Hay que recordar que, dos o tres días antes del sábado 28 de febrero de 2004, SUÁREZ TRASHORRAS fue con el entonces menor Gabriel MONTOYA VIDAL hasta Mina Conchita, usando para el desplazamiento el vehículo Toyota Corolla con matrícula inauténtica, es decir, con las placas dobladas 9231-CDW. Asimismo, en la tarde del 28 de febrero de 2004, SUÁREZ TRASHORRAS junto a Jamal AHMIDÁN, alias *El Chino*, fue a buscar a MONTOYA VIDAL en el mismo Toyota Corolla con las placas dobladas para dirigirse a Mina Conchita y, el 29 de febrero de 2004, Jamal AHMI-DÁN conducía ese vehículo desde Avilés hasta Madrid, con el maletero cargado de explosivos.

Por lo tanto, no tiene ningún sentido que en los desplazamientos para el tráfico y suministro de explosivos utilizaran un vehículo al que le doblaron las placas de matrícula y, en cambio, con la furgoneta Renault Kangoo utilizada en el desplazamiento hasta Alcalá de Henares por tres miembros de la célula terrorista la misma mañana de los atentados, cargada con los explosivos que iban a ser utilizados para explosionar los trenes, teniendo además dicho vehículo 13 días en su poder y cuya sustracción había sido denunciada, no hicieran lo mismo, es decir, doblar las placas de matrícula, evitando así el ser descubiertos por la policía, en alerta ante el riesgo por un atentado terrorista.

Este hecho hubiera tenido algún sentido si los terroristas de esa célula islamista de la Yihad, como indica su modus operandi habitual, se hubieran suicidado haciéndose inmolar en esos trenes. Pero, en este caso, el Instituto Anatómico Forense desmintió categóricamente que existiera algún suicida en las explosiones de los trenes, por lo tanto, no tenían intención de suicidarse ni tan siquiera de abandonar el país, además de seguir con la intención de cometer atentados, como demuestra en el relato de los hechos probados el artilugio explosivo localizado el 2 de abril de 2004 bajo la vía del tren de alta velocidad Madrid-Sevilla, a su paso por la localidad toledana de Mocejón, colocado, según los hechos probados de la sentencia, por miembros del mismo grupo 11-M.

Dicho artilugio explosivo estaba compuesto por 12 kg de dinamita GOMA 2 ECO, cableado y un detonador, igual a dos de los encontrados en la furgoneta Renault Kangoo. Por lo tanto, igualmente no tiene ningún sentido, el descuido de dejarse bajo el asiento del copiloto siete detonadores y un extremo de cartucho de dinamita GOMA 2 – ECO.

La siguiente incongruencia surge en la inspección ocular externa que se hace al citado vehículo en la calle Infantado, en torno a las 11:00 del 11 de marzo de 2004.

Tanto el funcionario número 79 858 de la Brigada Provincial de Información de Madrid, especialistas en terrorismo, como el inspector jefe de Policía Científica de la Comisaría de Alcalá de Henares, en una inspección externa del vehículo, incluidos los bajos, **con el fin de descartar la presencia de un artilugio explosivo**, no observaron a simple vista nada que entrañara un riesgo aparente. También, se desplazó al lugar una dotación de policía con perros adiestrados en la detección de explosivos que, tras hacer con los perros un primer rastreo externo sin resultados, **dado que la visión desde el exterior era incompleta**, se decidió, antes de llevarse la furgoneta con una grúa, apalancar su puerta trasera e introducir a uno de los animales, cuyo guía era el funcionario con número 28 226. El rastreo dio también resultado negativo.

Comprobado que se podía mover la furgoneta sin peligro, se procedió a remolcarla, percatándose los funcionarios, en el transcurso de la operación, de que se movía con dificultad porque tenía engranada una marcha. Ante ello, **el funcionario 75 039, provisto de guantes**, **entró por detrás**, liberó el seguro de la puerta delantera e, introduciendo la mano desde el exterior, colocó la palanca de cambio en punto muerto. A continuación, cerró la puerta sin volver a poner el seguro.

Muy pocos saben que un funcionario policial, en este caso el inspector de policía con núm. 75 039, responsable de precintar la furgoneta, desprecintó la puerta trasera y entró en la zona de carga del vehículo, liberando el seguro de la puerta delantera. Este hecho se justifica porque la furgoneta, al ser remolcada, se movía con dificultad teniendo una marcha engranada.

En la policía trabajamos en numerosas intervenciones con servicios de grúa y una furgoneta Renault Kangoo, no es ni mucho menos un vehículo de grandes dimensiones, para que presentara tantas dificultades en el momento de ser remolcada, por el hecho de tener una marcha engranada. Y todo ello, hasta el punto de tener que desprecintar la puerta trasera, para entrar por detrás a un vehículo que se sospechaba hubiera podido transportar los explosivos, como así relatan los hechos probados, y donde, posteriormente, en las dependencias de la policía en Canillas (Madrid), aparecieron debajo del asiento delantero derecho una bolsa de color azul semitransparente con siete detonadores y un extremo de un cartucho de dinamita plástica, de color blanco marfil con papel parafinado.

Cuando el funcionario policial desprecinta la puerta trasera y entra por detrás para colocar la marcha en punto muerto, hecho que no era ni mucho menos imprescindible para ser remolcado el vehículo, todo apunta a que se pretendía descartar la presencia de algún artefacto explosivo. Además, por lo manifestado en su declaración en el juicio por este policía, resulta cuanto menos dudosa la existencia en la furgoneta de todos esos objetos, en el momento en que se realiza la inspección ocular en la calle Infantado.

El inspector de policía número 75 039, inspector jefe del Grupo de Policía Científica de la Comisaría de Alcalá de Henares, declaró en el juicio lo siguiente: **"NO PUEDO PRECISAR QUÉ VI"**, **"NO TUVE QUE ESQUIVAR NADA"**, **"NO HABÍA NINGÚN OBJETO QUE IMPI-**

DIERA DESENVOLVERME CON NATURALIDAD", "NO VI NADA QUE ME LLAMARA LA ATENCIÓN".

Estas fueron sus palabras cuando describió el momento en el que entró a la zona de carga de la furgoneta, provisto de guantes, para liberar el seguro de la puerta delantera y, desde el exterior, introdujo su mano para colocar la marcha en punto muerto.

En su declaración, ante las preguntas del Ministerio Fiscal y de las Acusaciones Particulares, surgen algunas incongruencias que describo a continuación:

El inspector jefe del Grupo de Policía Científica de la Comisaría de Alcalá de Henares reconoció en su declaración que cuando recibieron el aviso de dirigirse a la calle Infantado, en torno a las 11:00 del 11 de marzo de 2004, ya sabían que había sido denunciada la sustracción de dicho vehículo y que contaban con información que lo relacionaba con los atentados de los trenes.

A su llegada al lugar, reconoció igualmente que ya se había montado un dispositivo policial, donde se encontraban funcionarios de la Brigada Provincial de Información de Madrid, especialistas en terrorismo y seguridad ciudadana, y toda la zona estaba acordonada. Asimismo, manifestó que **solicitaron la presencia de los Tedax en el lugar y les informaron que no podían ir**, por lo que enviaron una dotación policial de perros adiestrados en detección de explosivos.

Aquí surge lo que considero una incongruencia. Había información suficiente que relacionaba esa furgoneta con las explosiones de los trenes, diez en total más otras dos explosiones en la desactivación de dos mochilas, una en la estación de tren de Atocha y la otra en la estación de cercanías de El Pozo. Hay que recordar que el 28 de febrero de 2004, se detuvo a dos etarras en un furgón cargado con 500 kg de explosivos y que, sobre las 11:00 de esa mañana del 11 de marzo de 2004, la información todavía hacía sospechar que los atentados hubieran sido perpetrados por ETA.

Se sospechaba, por tanto, que dicha furgoneta había transportado esa mañana gran cantidad de explosivos y, desde luego, a esa hora no se descartaba la posibilidad de la banda terrorista ETA como responsable de los atentados.

En algunos de los atentados de ETA, hemos sido testigos de bombas trampa dejadas en vehículos, tras una explosión que han costado la vida a más de un policía. Por este motivo, ante un atentado tan grave y, teniendo información que relacionaba la furgoneta con las explosiones, no tiene sentido que no se desplazara al lugar ningún TEDAX, tras reconocer el inspector de Policía Científica que los habían solicitado.

En el relato de los hechos probados, se afirma que, al filo de las 10 de la mañana, se procedió a la desactivación del artilugio explosivo en la estación de Atocha y, también en torno a esa hora, a la desactivación del explosivo en la estación de El Pozo.

Por lo tanto, no se tendría que haber esperado mucho tiempo, a partir de las 11:00 horas, para que con todo el dispositivo movilizado, en lo que al personal de los TEDAX se refiere, algún componente de este se hubiera desplazado al lugar ante una supuesta amenaza como la localización de la furgoneta.

El mecanismo de detonación en los artilugios explosivos utilizados para explosionar los trenes había sido utilizar como temporizador, la programación de la alarma de un teléfono móvil. Imaginemos las consecuencias si en el interior de la furgoneta Renault Kangoo se hubiera dejado algún artilugio explosivo, cuya detonación hubiera estado programada, por ejemplo, a las 11:30.

Recordemos que, ante la negativa de enviar al lugar algún equipo de TEDAX, un funcionario de la Brigada Provincial de Información de Madrid, especialistas en terrorismo y, posteriormente, el inspector jefe del Grupo de Policía Científica de la Comisaría de Alcalá de Henares hicieron una inspección ocular externa de la furgoneta, sin que se hubiera descartado antes por ningún especialista la existencia de algún artilugio explosivo. Si se hubieran tenido dudas sobre la presencia de algún artilugio explosivo en esa furgoneta y realmente hubiera estado relacionada con los atentados, lo lógico en un caso como este hubiera sido que nadie se acercara al vehículo hasta que un equipo de TEDAX hubiera descartado peligro alguno y, entonces, es cuando se habría precintado la furgoneta y remolcado hasta dependencias policiales, donde la Policía Científica llevara a cabo una inspección ocular exhaustiva con el objeto de descubrir vestigios que pudieran relacionarse con los hechos y servir como pruebas.

Recordemos, también, que en esa inspección ocular externa que se le hace al vehículo en la calle Infantado, se mira a través del parabrisas y de los cristales de las dos puertas delanteras, pues el resto era opaco, así como se revisan los bajos, no observándose a simple vista nada que entrañara un riesgo aparente. Pero, al mismo tiempo, se reconoce en los hechos probados que **LA VISIÓN DESDE EL EXTERIOR ERA INCOMPLETA** y, por este motivo, tras hacer con los perros un primer rastreo externo sin resultados, se decidió, antes de llevarse la furgoneta con una grúa, apalancar su puerta trasera e introducir a uno de los animales, dando también el rastreo resultado negativo.

A continuación, en el relato de los hechos probados, se afirma que, una vez comprobado que se podía mover la furgoneta sin peligro, se procedió a remolcarla para su traslado a la Comisaría de Alcalá de Henares.

Los funcionarios se percataron de que la furgoneta se movía con dificultad porque tenía engranada una marcha. Ante ello, el funcionario 75 039, provisto de guantes, entró por detrás, liberó el seguro de la puerta delantera e, introduciendo la mano desde el exterior, colocó la palanca de cambio en punto muerto.

Veamos ahora algunas de las frases, en la declaración del funcionario policial 75 039, inspector jefe del Grupo de Policía Científica de la Comisaría de Alcalá de Henares, ante las preguntas del Ministerio Fiscal y de las Acusaciones Particulares.

Dicho funcionario policial, en su declaración, manifestó textualmente: **"Si hubiera visto algún elemento que me indujera a pensar que allí habría habido peligrosidad, hubiéramos tenido que esperar, necesariamente, a que hubieran venido del grupo de Tedax cuando hubieran podido o que se hubiera realizado cualquier otro tipo de maniobra, excepto abrirla".**

En las palabras del citado funcionario, **surge una contradicción con los hechos probados de la sentencia**, ya que en estos se afirma que la visión desde el exterior era incompleta; por lo tanto, no se podía tener la suficiente información como para descartar la presencia de un artefacto explosivo. Por lo que tras esa inspección ocular externa, con una visión desde el exterior incompleta, se hubiera tenido que esperar a que llegara al lugar un grupo de Tedax antes de decidir apalancar la puerta trasera y abrir la furgoneta.

Siguiendo con la declaración del funcionario policial, dice también textualmente: **"En ese momento, cuando la furgoneta iba a ser remolcada, el operario de la grúa se da cuenta de que tiene una velocidad metida y va él mismo a hacer la maniobra de quitar la velocidad. Yo le digo que espere, que esa maniobra la realizo yo, con el fin de no destruir alguna prueba o algún indicio que pudiera haber, y es cuando entro por la parte posterior de la furgoneta".**

Aquí surge lo que considero una incongruencia. No tiene sentido que el operario de la grúa decidiera por él mismo realizar la maniobra de quitar la velocidad, y ello por dos motivos. El primero, porque el hecho de que la furgoneta Renault Kangoo llevase una velocidad metida no supone dificultad alguna para ser remolcada por la grúa, y este hecho ha sido confirmado por varios operarios consultados por el que suscribe, los cuales afirman que una furgoneta de esa marca y modelo, con una velocidad metida, no supone ninguna dificultad para ser remolcada.

El segundo motivo es que, en la declaración del funcionario policial, se dice que las cerraduras no habían sido forzadas, encontrándose la furgoneta cerrada, motivo por el cual se decidió apalancar la puerta trasera. Es decir que el operario de la grúa, con un vehículo relacionado con el atentado terrorista más grave en la historia de la Unión Europea, ante un hecho (la velocidad metida) que no representaba dificultad alguna para ser remolcada, decide él mismo realizar la maniobra de quitar la velocidad, cuando se encontraba la furgoneta cerrada, teniendo que acceder por detrás e introducirse en la zona de carga para después colocar su mano por el hueco que quedaba libre entre la rejilla metálica, con el objeto de abrir desde adentro el seguro de la puerta delantera y, entonces, desde el exterior, abrir la puerta del conductor para poner la marcha en punto muerto, operación que finalmente realizó el funcionario policial 75 039.

Por último, vamos a analizar el momento en el que dicho policía entró en la zona de carga de la furgoneta, con el objeto de abrir el seguro de la puerta del conductor y, desde el exterior, abrir la puerta delantera para poner la velocidad en punto muerto.

El inspector jefe del Grupo de Policía Científica de la Comisaría de Alcalá de Henares, en su declaración en el juicio, manifestó textualmente lo siguiente: **"NO PUEDO PRECISAR QUÉ VI"**, **"NO TUVE QUE ESQUIVAR NADA"**, **"NO HABÍA NINGÚN OBJETO QUE IMPIDIERA DESENVOLVERME CON NATURALIDAD"**, **"NO VI NADA QUE ME LLAMARA LA ATENCIÓN"**.

En el listado de efectos enviado al juzgado, se recogen 61 evidencias encontradas en esa inspección ocular en el interior de la furgoneta. Si bien es cierto que muchas de ellas son de pequeño tamaño y podrían encontrarse en el salpicadero o esparcidas por la parte delantera del vehículo, hay unas cuantas evidencias que, en un caso como este, resulta sorprendente que pasaran desapercibidas a un inspector jefe del Grupo de Policía Científica. Estas son: **"un saco, dos mantas, tres piezas de poliuretano, un listón de madera, una maza, una cadena, un bidón de aceite, así como debajo del asiento delantero derecho, una bolsa de basura de color azul semitransparente, con siete detonadores industriales eléctricos y un extremo de un cartucho de dinamita plástica, de color blanco marfil con papel parafinado"**.

En su declaración, el citado policía, en el momento de entrar por detrás accediendo a la zona de carga de la furgoneta, viene a decir casi que cerró los ojos para no ver nada, **cuando lo importante era descartar la presencia de cualquier artefacto explosivo**, antes de ser remolcado el vehículo. Resulta sorprendente que no le llamasen la atención un saco y dos mantas, por ejemplo, objetos estos que deberían haber sido examinados, mirando en su interior o por debajo de ellos para descartar peligro alguno.

Además, el poliuretano es uno de los aislantes térmicos más empleados en la construcción. Es un tipo de esponja que suele ser de color amarillo y aparecen tres piezas que suelen ser trozos de plancha y, por lo tanto, objetos voluminosos, junto a una maza, una cadena, un bidón de aceite o un listón de madera. Todos estos objetos no le hubieran dejado desenvolverse con total naturalidad hasta el punto de afirmar que no tuvo que esquivar nada, no recordando lo que vio en un caso tan grave como este.

4 - Mochila – parque azorín de vallecas

En total, fueron colocadas trece mochilas o bolsas, cargadas con explosivos temporizados para que explosionaran simultáneamente. Diez de ellas, entre las 7:37 y las 7:40 del 11 de marzo de 2004.

Ocho cargas explosivas fueron colocadas en los vagones que, según el sentido de la marcha, ocupaban el primer, cuarto, quinto y sexto lugar de los trenes número 21 431 y 17 305, con salida en Alcalá de Henares a las 7:01 y 7:04, respectivamente. **Todas, salvo la del vagón número uno del primer tren, explosionaron.** Tres, en la estación de Atocha de Madrid, a las

7:37 y 7:38 y, las otras cuatro, a las 7:39, estando el tren 17 305 circulando a la altura de la calle Téllez, también de Madrid.

Otras cuatro bolsas o mochilas con explosivos fueron colocadas en el tren 21 435 con salida de Alcalá a las 7:10, único convoy compuesto por vagones de dos plantas. Dos, puestas en el piso superior de los vagones cuarto y quinto, explosionaron a las 7:38 en la estación de El Pozo. **Las otras dos, dejadas en los pisos inferiores de los vagones SEGUNDO y tercero, no llegaron a explosionar; una fue neutralizada en la estación y la otra desactivada en el parque Azorín de Vallecas**, por los especialistas de explosivos de la policía.

El último artilugio explosivo fue colocado por Jamal ZOU-GAM, en el cuarto vagón del tren número 21 713, que salía de Alcalá a las 7:14, y explosionó a las 7:38, cuando el tren estaba parado en el andén de la vía 1, en la estación de Santa Eugenia.

Sobre las 8:40 del 11 de marzo de 2004, tras evacuar a los heridos y levantar los cadáveres de los fallecidos, el inspector jefe del Grupo de Desactivación de Explosivos (GEDEX) de la Brigada Provincial de Madrid del Cuerpo Nacional de Policía, ––número profesional 28 296––, ordenó que se revisaran los trenes que había en la estación de Atocha.

En el centro del primer vagón, el miembro de la unidad central de desactivación de explosivos, con número 66 478, encontró una mochila gris con asas negras. Tras tocarla y abrirla unos 5 o 6 cm, vio que contenía una bolsa azul transparente, con una masa blanquecina o marfil con textura de plastilina, por lo que, sospechando que era un artilugio explosivo, **lo sacó al andén** y desalojó la zona. Al filo de las diez de la mañana, intentó su desactivación, lo que no consiguió, produciéndose una explosión controlada.

Momentos antes, mientras el especialista citado se ponía el traje de protección, los GEDEX que había en Atocha recibieron un aviso procedente de la estación de El Pozo, comunicándoles que se había encontrado allí otro artefacto similar.

En torno a las 8:10 del 11 de marzo de 2004, **los policías municipales de Madrid con números 9273-3 y 7801-3** recibieron la orden de dirigirse a la estación de El Pozo.

Una vez en el lugar, **se les encomendó revisar el interior del tren**, encargándose el funcionario 9273-3 de inspeccionar el piso superior del tercer vagón, mientras que su compañero, **el número 7801-3**, se quedaba haciendo lo propio en el inferior, donde **descubrió debajo de los asientos una mochila negra**, similar a un saco o macuto.

Tras sacarla y colocarla encima de los asientos, vio en su interior lo que le pareció una fiambrera de forma redondeada, del tamaño de un plato, de la que salían varios cables de color rojo y negro y, encima de estos, un teléfono móvil de color oscuro. Al sospechar que fuese un artefacto explosivo, la trasladó al andén y la colocó al lado de una papelera próxima al muro de la estación, tras lo que se lo comunicó a un policía nacional para que avisara a los técnicos en desactivación de explosivos.

En el andén, próxima a esta mochila, había también otra bolsa oscura, esta última totalmente cerrada.

Poco antes, sobre las 7:45, los funcionarios del Cuerpo Nacional de Policía, con número 65 255 y 54 868, fueron comisionados desde la sala del 091 para que también acudieran a la estación de El Pozo.

Llegaron en torno a las 9 y, una vez allí, el número 54 868 vio en el andén, frente al vagón número tres, la mochila que el policía municipal había dejado cerca del muro.

Esta tenía la tapa hacia atrás, por lo que abrió el hueco o boca lo que pudo y vio que, en su interior, había una bolsa de basura azul traslúcida con cinta de cierre amarilla, que contenía una masa blanquecina de la que salían unos **cables rojos y azules**, sobre los que había un teléfono móvil bocabajo. Inmediatamente, se lo comunicó a su compañero, el número 65 255, que intentó desactivarla, produciéndose una explosión controlada.

De lo relatado anteriormente en los hechos probados de la sentencia, describo a continuación las **contradicciones encontradas**:

La primera contradicción surge en sus primeras líneas, cuando se afirma que otras cuatro bolsas o mochilas con explosivos fueron colocadas en el tren 21 435, único convoy compuesto por vagones de dos plantas. Dos, puestas en el piso superior de los vagones cuarto y quinto, explosionaron a las 7:38 en la estación de El Pozo. Las otras dos, dejadas en los pisos inferiores de los vagones **segundo** y tercero, no llegaron a explosionar; una fue neutralizada en la estación y la otra desactivada en el parque Azorín de Vallecas.

La mochila neutralizada en la estación se localiza por el policía municipal de Madrid número 7801-3, en el vagón tercero del piso inferior. Por lo que, según los hechos probados, la mochila desactivada en el parque Azorín de Vallecas se encontraba en el vagón segundo del piso inferior. Pero ni en lo descrito en los hechos probados de la sentencia, como tampoco en las declaraciones de los funcionarios policiales que intervinieron con relación a ello, aparece dato alguno que localice la mochila en ese vagón. De hecho, solo el testigo policía nacional número 83 322, cuya declaración analizaremos en breve, manifestó haber visto a su llegada a la estación de El Pozo dos mochilas. Una cerrada y la otra entreabierta, pero ambas se encontraban colocadas en el andén de la estación y, cuando se personaron los especialistas en desactivación de explosivos, esa mochila cerrada ya no se encontraba allí, ni tampoco fue vista por nadie. Por lo tanto, no hay nada que pruebe que esa mochila se encontraba en el vagón segundo del piso inferior, sencillamente porque no pudo salir sola del vagón.

Para la siguiente contradicción, vamos a analizar la declaración del policía municipal número 7801-3, que tuvo lugar el 19 de marzo de 2007, ante las preguntas del Ministerio Fiscal y de las Acusaciones Particulares.

En esta, el funcionario policial que el día de los atentados llevaba 9 meses incorporado a la Policía Municipal de Madrid, manifestó que, a su llegada a la estación de El Pozo, no se pusieron a disposición del jefe del operativo que estaba allí y recibieron órdenes a través de la emisora central de rescatar y trasladar a las víctimas. "El compañero y yo", manifestó textualmente, "nos dirigimos a uno de los vagones que no había explosionado. Previamente, le preguntamos a un policía nacional motorista que se encontraba en el lugar si habían inspeccionado ese vagón, por si podía haber alguna víctima o algo y dijo que no tenía conocimiento. Entonces fue cuando nos metimos el compañero y yo, al ser de dos plantas, él se fue para arriba y yo me quedé en la planta de abajo".

Aquí surge una contradicción, ya que, en los hechos probados de la sentencia, se afirma que los citados policías municipales de Madrid recibieron la orden de dirigirse a la estación de El Pozo **pero, una vez en el lugar, se les encomendó**

revisar el interior del tren. Esto no puede ser cierto, según lo manifestado en su declaración por el policía municipal número 7801-3, al afirmar que, a su llegada a la estación de El Pozo, **no se pusieron a disposición del jefe del operativo y decidieron junto a su compañero, previa consulta a un policía nacional motorista que se encontraba allí, revisar el vagón número tres**, encargándose su compañero del piso superior y él mismo del piso inferior.

El subinspector del C.N.P. 66 478, miembro del Tedax, encargado de la desactivación del artefacto explosivo localizado en la mochila que apareció en el primer vagón del tren de Atocha, la cual fue neutralizada haciéndola explosionar, en su declaración, manifestó que, al llegar a dicha estación sobre las 8:15 o las 8:30, se encontraban allí las autoridades y jefes de los servicios policiales, poniéndose él a disposición de ellos y que estos establecieron los grupos de trabajo.

El mismo policía municipal 7801-3, en su declaración, reconoció que, aparte de ellos, se encontraba en la estación de El Pozo la unidad íntegra de Policía Municipal de Vallecas, muchísimos compañeros, lo cual indica que allí, tras la activación del plan de emergencias, aparte del jefe del operativo designado para establecer los grupos de trabajo, se encontrarían igualmente muchos mandos de los diversos cuerpos policiales, entre ellos jefes y mandos intermedios de la Policía Municipal de Madrid.

Por lo que es significativo que dos agentes de la Policía Municipal de Madrid, uno de ellos el 7801-3, con tan solo 9 meses de incorporado en el cuerpo y que, posteriormente, encontraría la segunda mochila, se desplazaran a la estación de El Pozo y revisaran el vagón número tres, por órdenes recibidas desde la emisora central de rescatar y trasladar a las víctimas, sin una vez en la estación, ponerse a disposición de sus propios mandos ni del jefe del operativo o demás jefes de los servicios policiales y decidiendo por iniciativa propia, tras consultar a un policía nacional motorista que se encontraba allí, revisar el interior de un vagón que no había explosionado.

También, resulta de interés el momento cuando el policía municipal número 7801-3 localizó la mochila en el tercer vagón del piso inferior del tren en la estación de El Pozo. Según relato de los hechos probados, descubrió debajo de los asientos una mochila negra, similar a un saco o macuto. Tras sacarla y colocarla encima de los asientos, **vio en su interior lo que le pareció una fiambrera de forma redondeada, según su declaración de color anaranjado, del tamaño de un plato, de la que salían varios cables de color rojo y negro y, encima de estos, un teléfono móvil de color oscuro**. Al sospechar que fuese un artefacto explosivo, la trasladó al andén.

En su declaración, el funcionario policial 7801-3 reconoció que su misión inicial era la de rescatar víctimas; asimismo, no recordaba si en ese momento había otros compañeros o policía nacional que estuviesen sacando efectos de los trenes. "En ese momento", dijo textualmente, "la prioridad era sacar heridos, no enseres".

Este policía manifestó que, pasadas las 8 de la mañana, les enviaron a la estación de El Pozo y entró en el vagón sobre las 8:10. Por lo tanto, entró en la estación junto a su compañero y lo primero que hicieron fue, tras consultar con ese policía nacional motorista, decidir por ellos mismos acceder al interior del tercer vagón en el piso inferior que no había explosionado y, al entrar a este, dijo textualmente: "Me tiré al suelo para ver si había alguna víctima debajo de los asientos y fue cuando vi la mochila".

Lo normal en una situación como esta hubiera sido que, a su llegada a la estación, el citado policía municipal se hubiera puesto a las órdenes del jefe del operativo, una vez establecido el puesto de mando tras la activación del plan de emergencias. **Pero, en un escenario dantesco como este, hay que entender que los policías que llegaran en un primer momento al lugar, antes de establecerse el puesto de mando y estar todo medianamente organizado, ante la urgencia de localizar y auxiliar a víctimas gravemente heridas, todavía conscientes, decidieran introducirse directamente en los vagones de los trenes, como hizo el mencionado funcionario policial.**

Una vez que el policía municipal trasladó la mochila al andén, este se lo comunicó primeramente al mismo policía nacional con el que se habían entrevistado para que llamara a los técnicos en explosivos, y entre los dos dieron la voz de alarma. Fue, entonces, cuando lo comunicó por emisora central y ya se retiró del lugar.

En su declaración, referido a este momento, el policía municipal afirmó haber escuchado al policía nacional al que comunicó el hallazgo de la mochila requerir a través de su propia emisora a los técnicos de Tedax.

Asimismo, el policía municipal manifestó textualmente: **"En la calle me encontré con dos personas que se identificaron como Tedax verbalmente (sin placas), los cuales iban de paisano en una Citroën C-15 blanca y les dije que yo había encontrado ese artefacto explosivo, lo que tenía dentro y dónde lo había dejado".**

Pero, en cambio, los subinspectores de policía números 65 255 y 54 868, especialistas en desactivación de explosivos y encargados de neutralizar la mochila encontrada por el policía municipal, en sus declaraciones, a su llegada a la estación de El Pozo en torno a las 9, **aseguraron desconocer cómo llegó la mochila al andén**. No se explica, por tanto, que el policía municipal comunicara su hallazgo al policía nacional con el que se habían entrevistado previamente, y este requiriese a través de su propia emisora a los técnicos de Tedax, como tampoco que el policía municipal comunicara a los dos Tedax de paisano el hallazgo, su contenido y dónde lo había dejado, ya que, según declaración del subinspector de policía número 65 255, en la estación de El Pozo estuvieron seis Tedax y desconocían qué personas sacaron esa mochila del vagón número tres. Cabe preguntarse, entonces, el papel que desempeñaron las dos personas de paisano que se identificaron como Tedax, los cuales se entrevistaron con el policía municipal 7801-3, el cual encontró la mochila con el artefacto explosivo.

En el relato de los hechos probados, sobre las 7:45, los funcionarios del Cuerpo Nacional de Policía con número 65 255 y 54 868 fueron comisionados desde la sala del 091 para que acudieran a la estación de El Pozo. Pero, en sus declaraciones, ambos afirmaron que ese día estaban de guardia y que fue su jefe de grupo quien les llamó para que se desplazaran a la estación, llegando a esta entre las 8:45 y las 9:00.

También en los hechos probados se afirma que en el andén, próxima a esta mochila, había también otra bolsa oscura, esta última totalmente cerrada.

Esta afirmación está basada en la declaración del único funcionario policial que vio esa otra mochila en la estación de El Pozo, justo al lado de la mochila que encontró el policía municipal 7801-3.

Este funcionario policial es un policía nacional con número 83 322 que, el día de los atentados, estaba destinado en la sección de motos de la unidad de prevención ciudadana.

En su declaración, afirmó que, a las 7:37, recibieron una llamada, informando que se habían producido varias explosiones en la estación de Atocha. Al llegar, **"había mucho humo, olor a sangre y pelo quemados, gente destrozada sin partes del cuerpo. El escenario era bastante dantesco. Intentaron ayudar a los que estaban conscientes y requisaron objetos que pudieran ser sospechosos"**.

Después de estar en Atocha, se trasladaron a la estación de El Pozo. El testigo acudió con su compañero y llegó, aproximadamente, entre las 8:10 y 8:15.

Al llegar a la estación de El Pozo, no habló con nadie, simplemente entró en el andén y se puso a revisar. A unos diez metros de la entrada a la estación, había una mochila y, un poco más atrás, la segunda. **En la mochila que estaba entreabierta, se podía ver en su interior una bolsa azul de basura, las típicas bolsas de basura azul de esas que son azul cielo, así como un paquete envuelto con esa bolsa y encima un teléfono. Además, recordaba que era un teléfono tipo Trium, de esos antiguos Trium que había aplatanados en forma de plátano. Asimismo, salían dos o tres cables del teléfono hacia la bolsa azul.** No recordaba el color de la segunda mochila que estaba cerrada, pero era oscura. También, manifestó que informaron que había dos mochilas allí.

En esta declaración surgen varias incongruencias. Supongamos que si recibieron la llamada a las 7:37 informando de las explosiones en la estación de Atocha, llegaran a esta sobre las 7:40. En un escenario como el que se encontraron, donde había gente destrozada, sin partes del cuerpo, en el que intentaron auxiliar a víctimas gravemente heridas, colaborando con los servicios sanitarios y bomberos, para posteriormente, una vez finalizadas las tareas de evacuación de los heridos, requisar objetos que pudieran ser sospechosos, dichas tareas, en un escenario como el descrito por el propio policía 83322, lo normal es que les hubiera llevado buena parte de la mañana. En cambio, **tanto este policía como su compañero, pasados treinta minutos, ya se habían desplazado a la estación de El Pozo, llegando entre las 8:10 y las 8:15**.

Siguiendo con su declaración, fue entonces cuando vieron las dos mochilas, una entreabierta y la otra cerrada, y pudieron ver en el interior de la primera una bolsa como las de basura de color azul cielo, un móvil y dos o tres cables.

Al afirmar este policía que llegó junto con su compañero entre las 8:10 y las 8:15 a la estación de El Pozo, entrando al andén directamente sin hablar con nadie, coincide prácticamente con el momento en el que el policía municipal 7801-3 entraba en el vagón número tres del piso inferior, según declaración a las 8:10. El policía municipal declaró que informó del hallazgo de la mochila a un policía nacional que se encontraba allí, al mismo que le habían hecho la consulta previamente. Este era motorista porque llevaba casco y le dieron en ese momento los dos la voz de alarma. Pero, en cambio, el policía nacional motorista 83 322 afirmó que, a su llegada al andén entre las 8:10 y las 8:15, **las dos mochilas, una entreabierta y la otra cerrada, ya se encontraban allí**. Asimismo, pese a la entrevista del policía municipal con un compañero policía nacional que también era motorista, habiendo dado juntos la voz de alarma, el policía nacional motorista 83 322 en ningún momento de su declaración mencionó a la persona que sacó la mochila del vagón número tres, es decir, el policía municipal número 7801-3.

Tampoco tiene sentido que el policía 83 322, habiéndose dado la voz de alarma sobre la existencia en el andén de un artilugio explosivo, es decir, la mochila que se encontraba entreabierta, en el momento en el que procedía a desalojar a las personas que allí se encontraban y acordonar la zona, **decidiera acercarse a la citada mochila para revisar de una forma tan minuciosa su contenido**, viendo en el interior una bolsa como las de basura de color azul cielo, un móvil y dos o tres cables. Además, fue capaz de identificar hasta el modelo del teléfono, coincidiendo con la misma marca y modelo, Mitsubishi Trium, del teléfono aparecido en la madrugada siguiente, en el interior de la mochila desactivada en el parque Azorín de Vallecas, manifestando textualmente: **"Recuerdo que era un teléfono tipo Trium, de esos antiguos aplatanados en forma de plátano"**. Estos detalles no los pudieron aportar ni el policía municipal 7801-3, que localizó y revisó la mochila sobre el asiento del vagón, ni tan siquiera los dos subinspectores de policía que procedieron a la desactivación del artilugio explosivo.

Además, es inexplicable que, llegando el citado policía a la estación de El Pozo entre las 8:10 y 8:15, y entrando directamente en el andén, solamente se percatara él de la existencia de esa segunda mochila que se encontraba cerrada, a escasos metros de la mochila entreabierta. Y, en cambio, el policía municipal 7801-3, que fue la persona que localizó la mochila en el tercer vagón y la sacó al andén, no se percató de la existencia de esa otra mochila cerrada, como tampoco lo hicieron los Tedax que se personaron después, reconociendo estos que revisaron varias veces tanto los enseres allí dejados y apilados, como los vagones de los trenes.

En cuanto al contenido de la mochila, el policía municipal 7801-3, en su declaración ante las preguntas del Ministerio Fiscal y de las Acusaciones Particulares, afirmó que los cables eran de color **rojo y negro**. Asimismo, manifestó que no recordaba haber visto una bolsa de plástico dentro de la mochila. Pero, en cambio, cuando esa misma mochila, **según los hechos probados**, es revisada sobre las 9 de la mañana por los subinspectores de policía números 65 255 y 54 868, especialistas en desactivación de explosivos, estos vieron en su interior una bolsa de basura azul traslúcida con cinta de cierre amarilla, que contenía una masa blanquecina de la que salían unos cables **rojo y azul**, sobre los que había un teléfono móvil bocabajo.

Vamos a analizar ahora lo que, en sus declaraciones, los dos subinspectores de policía dijeron ver en el interior de la mochila, cuando la revisaron antes de hacerla explosionar.

El subinspector 65 255 declaró que, al abrir la mochila, se encontraron con un móvil boca abajo, una maraña de cables, de rabizas de detonador y, siguiendo la maraña de rabizas, una bolsa de basura de color azul clara con el lacito amarillo.

En el primer croquis que el mencionado funcionario policial realizó del artilugio explosivo, habiendo procedido a su desactivación haciéndolo explosionar, puso que los cables eran de color rojo y negro, es decir, coincidiendo plenamente con lo descrito dos veces en su declaración por el policía municipal 7801-3. Pero cuando ese mismo día llegó a casa por la tarde, es decir, una vez que en la inspección ocular realizada a la furgoneta Renault Kangoo en las dependencias policiales del complejo de Canillas habían aparecido los siete detonadores con cableado de color rojo y azul es cuando, haciendo nuevamente el croquis del artefacto explosivo, se percata del error y, entonces, puso que los cables eran de color rojo y azul, reconociendo el

día de su declaración que había sido un error suyo y al día siguiente ya lo había corregido.

Cuando el policía municipal afirmó por dos veces el día de su declaración que los cables eran de color rojo y negro, solo puedo entender que no tuviera dudas al respecto. Ya que pasados, tres años de los atentados, ante un hecho tan grave, si este funcionario policial hubiera dudado lo más mínimo en el color de esos cables no hubiera sido reprochable en absoluto que, ante las preguntas del Ministerio Fiscal, hubiera contestado diciendo que recordaba uno de los cables de color rojo y el otro de color oscuro, no pudiendo precisar si era negro, azul o marrón. En cambio, afirmó por dos veces que eran de color rojo y negro, es decir, que lo recordaba perfectamente sin ningún género de dudas.

Además, el policía municipal 7801-3 manifestó en su declaración que no recordaba haber visto una bolsa de plástico en el interior de la mochila. En cambio, el subinspector 65 255 vio una bolsa de basura de color azul claro, con un lacito amarillo. También, el subinspector 66 478, que procedió a la desactivación haciendo explosionar el artilugio explosivo encontrado en el primer vagón del tren de Atocha, afirmó que lo primero que vio cuando procedió a la abertura de la mochila fue una bolsa de basura azul muy transparente.

Asimismo, llama la atención que ninguno de los dos Tedax que participaron en la desactivación de la misma mochila encontrada previamente por el policía municipal **mencionaran ningún recipiente de plástico en forma redondeada y de color anaranjado.** No pareciéndose, por tanto, en su composición y estructura dicho artilugio explosivo, y que era, según los hechos probados la misma mochila.

Siguiendo con la declaración del subinspector 65 255, **manifestó que los cables no estaban encintados**. Este aspecto es importante porque, como veremos más adelante, el artefacto de Vallecas, según el Tedax número 64 501 que procedió a su desactivación, pudiendo ser neutralizado este sin hacerlo explosionar, **no funcionó porque los empalmes practicados en los cables no estaban encintados**. En consecuencia, si en cualquier momento, manipulando la bolsa, al introducirla debajo de un asiento o en el portaequipajes, en este caso de los trenes o simplemente manejándola, moviéndola y demás, si se juntan los empalmes, al no estar encintados los cables, cuando surge el flujo eléctrico de la batería del teléfono, se produce un cortocircuito, salta una chispa y la energía no llega al detonador, por lo que no se produce la explosión.

Por lo tanto, cabe preguntarse por qué si esa mochila que se encontraba entreabierta en la estación de El Pozo, **la cual tampoco tenía los cables encintados** y además había sido movida por el policía municipal 7801-3, subiéndola primeramente encima del asiento, para después trasladarla hasta el andén, **cuál fue el motivo de su desactivación haciéndola explosionar, sin que apareciera resto alguno del artilugio explosivo**.

También, afirma este funcionario policial en su declaración que, tras hacer explosionar el artilugio explosivo, en el vagón número tres del tren de la estación de El Pozo, apareció incrustada la metralla (tornillos y clavos), dejando un cráter de medio metro por veinte centímetros. Esta metralla también apareció en el artilugio explosivo de Vallecas, pero no así en el del primer vagón del tren de Atocha.

Por su parte, el subinspector 54 868 declaró que, dentro de la mochila, había un móvil con cables de detonador y una masa de color blanquecina en el interior. El explosivo estaba en una bolsa de plástico de color azul traslúcida, con una masa blanquecina dentro.

Igualmente, con relación al artilugio explosivo desactivado en la estación de Atocha, **en los hechos probados de la sentencia surge una contradicción**, cuando se afirma que el subinspector del Cuerpo Nacional de Policía 66 478, tras abrir la mochila y revisar su contenido, sospechando que era un artilugio explosivo, **lo sacó al andén y desalojó la zona, procediendo momentos después a su desactivación haciéndolo explosionar. Puesto que este funcionario policial, en su declaración, afirmó que la bomba se desactivó haciéndola explosionar en el mismo habitáculo del vagón donde se encontró**, provocando rotura de la parte superior, la catenaria y asimismo en la parte de abajo se abrió un boquete grandísimo, afectando a las ruedas y los laterales.

Referente al estado en el que se encontraba la mochila desactivada en la estación de El Pozo, el subinspector 65 255 declaró que estaba apartada del resto de los objetos acumulados de los vagones cuarto y quinto. La habían dejado apartada del resto de objetos que iban sacando de dichos vagones, los cuales habían explosionado, donde se realizaban las tareas de evacuación y estaba todo el movimiento.

Por su parte, el subinspector 54 868 que llegó a la estación de El Pozo junto con el citado funcionario policial, formando equipo en la desactivación de dicho artilugio explosivo, **declaró que les llamó la atención la mochila porque, a pesar de los daños ocasionados en el tren y andén de la estación, esta no presentaba desperfectos.** Asimismo, la mochila estaba a unos 50 metros del resto de objetos amontonados. **Todos los**

objetos que encontraron allí estaban deteriorados, excepto la mochila que localizaron en el andén.

El mismo Tedax 54 868, ante la pregunta de la Abogacía del Estado, sobre si los objetos que habían sido sacados de los vagones donde no había habido ninguna explosión estaban o no deteriorados, respondió lo siguiente: **"Los efectos de las explosiones, si bien no era un deterioro de rotura, sí era un deterioro visible. Todo lo que estaba apilado tenía algo de daño y, sin embargo, esa mochila frente al vagón número tres estaba intacta, no tenía nada y, además, se encontraba abierta".** Manifestó asimismo que los objetos que luego extrajeron ellos de otros vagones donde no había habido ninguna explosión también estaban deteriorados, todos tenían algún daño provocado por las explosiones, excepto aquella mochila.

Por su parte, el policía municipal 7801-3 también declaró que dicha mochila no tenía desperfectos.

Siguiendo con el relato de los hechos probados, los objetos y efectos que había en el interior de los trenes y esparcidos alrededor de ellos, se metieron en grandes bolsas de basura, cerradas con cuerdas o con cinta aislante o de precinto, para poder ser transportadas a otro lugar e inventariarlos.

Entre los objetos recogidos en la estación de El Pozo, había un artefacto explosivo que estaba dentro de una bolsa de lona de color azul marino, con asas de cuero marrón.

Pasadas las 15:00, el policía con carnet profesional número 24 420 de la Comisaría de Puente de Vallecas, recibió la orden del jefe de su grupo de que, junto a otros tres compañeros, se dirigieran con dos furgonetas de mediano tamaño a la estación de El Pozo a recoger los efectos recuperados del tren que habían sido metidos en grandes bolsas de plástico.

En la estación, cargaron entre 12 y 14 bolsones por furgoneta, ordenándoseles que los llevaran a la Comisaría de Villa de Vallecas que era la más cercana.

Cuando llegaron a dicha comisaría, el jefe de guardia se negó a hacerse cargo de los efectos, por lo que, sin solución de continuidad, los dos vehículos con los cuatro funcionarios de policía y las bolsas reemprendieron la marcha hasta la Comisaría de Puente de Vallecas. Una vez de regreso, en el lugar del que habían salido, en torno a las 15, el comisario jefe de la Comisaría número 14 296 les mandó a que llevaran los efectos a IFEMA, hacia donde partieron **ya avanzada la tarde**.

En IFEMA, los efectos fueron depositados en el pabellón 6, a la derecha de la entrada, en un lugar acotado junto a un muro con un cartel que indicaba su procedencia, quedando bajo la custodia de la Unidad de Intervención Policial.

Esa misma tarde, el comisario de la Comisaría de Puente de Vallecas se enteró de que la juez del Juzgado de Instrucción número 49 de Madrid, que estaba auxiliando en el levantamiento de cadáveres y en la recogida de efectos y vestigios, al Juzgado Central de Instrucción número 6, había ordenado que los efectos se depositaran en la Comisaría de Puente de Vallecas y no en IFEMA, por lo que, ya de noche, fueron recogidos los efectos de IFEMA y llevados a la Comisaría. Allí se inventariaron por cuatro funcionarios divididos en dos grupos.

En torno a la 1:30, ya del 12 de marzo, la funcionaria 88 163 extrajo de una bolsa de deportes que estaba en el fondo de uno de los bolsones de basura, un teléfono móvil, y vio que de él salían unos cables, por lo que, alarmada, se lo comunicó a la subinspectora de servicio que suspendió inmediatamente el inventario, desalojó la comisaría y avisó a los especialistas.

Personados en el lugar, los subinspectores especialistas en desactivación de explosivos de la Brigada Provincial de Información de Madrid, con números profesionales 64 501, 66 618 y 65 255, hicieron una inspección técnica de la bolsa que contenía un dispositivo explosivo, por lo que decidieron trasladarla al parque Azorín, cercano a la comisaría, para intentar desactivarla con el mínimo riesgo.

Una vez en el parque, se hizo una radiografía que salió velada, por lo que el artificiero número 64 501, que era el operador número 1, hizo una segunda. Esta no le proporcionaba información suficiente para la desactivación, pues el artilugio no tenía una estructura lógica y solo se apreciaba una maraña de cables que se perdían en una zona oscura que era la masa explosiva.

Finalmente, la bomba fue desactivada sin hacerla explosionar; contenía un mecanismo temporizado y de iniciación eléctrica, proporcionado por un teléfono móvil marca Mitsubishi Trium, con dos agujeros en la carcasa de los que salían dos cables de color rojo y azul, que iban a un detonador de cobre que estaba introducido dentro de 10 120 gramos de dinamita plástica. Además, contenía 640 gramos de tornillos y clavos para que actuaran como metralla y un cargador válido para el móvil Trium.

Un estudio posterior en laboratorio determinó que el artilugio no explosionó porque uno de los cables que partían del teléfono estaba desconectado.

Este artilugio explosivo era en su concepción, composición y estructura, igual a los hallados en el primer vagón del tren de Atocha y en el vagón número 3 del tren de El Pozo, que explosionaron ambos al intentar los técnicos desactivarlos.

En este relato de los hechos probados, describo a continuación las **contradicciones encontradas**.

En los hechos probados, se afirma que, entre los objetos recogidos en la estación de El Pozo, había un artefacto explosivo. Pero ninguno de los Tedax que allí se encontraban y que revisaron por tres o cuatro veces todos los vagones del tren, así como los enseres y objetos apilados en el andén y aquellos otros sacados por ellos mismos de los vagones, reconoció haber visto dicha bolsa.

Esta solo fue vista por el policía nacional motorista 83 322, en cuya declaración existen varias incongruencias y, además, **la describe como una mochila normal, no tipo saco, sino de las que tienen su tapa y cremalleras. Mientras en los hechos probados, se afirma que se trataba de una bolsa de lona de color azul marino, con asas de cuero marrón, de 25 cm de ancho por 25 de alto y 45 de largo.** Por lo que solo se puede afirmar que esa bolsa apareció en la comisaría de Puente de Vallecas, al no existir elementos de prueba suficientes para afirmar que se encontrara entre los objetos que fueron recogidos en la estación de El Pozo.

Además, cuando los dos vehículos con los cuatro funcionarios de policía y las bolsas regresaron a la comisaría de Puente de Vallecas, una vez que el jefe de guardia de la Comisaría de Villa de Vallecas se había negado a hacerse cargo de los efectos, el comisario jefe de la Comisaría de Puente de Vallecas les mandó a que llevaran los efectos a IFEMA, **hacia donde**

partieron ya avanzada la tarde. Pero en los mismos hechos probados, se afirma que esa misma tarde, el citado comisario se enteró de que la juez del Juzgado de Instrucción número 49 de Madrid, que estaba auxiliando al Juzgado Central de Instrucción número 6, **había ordenado que los efectos se depositaran en la Comisaría de Puente de Vallecas y no en IFEMA.**

Cabe preguntarse, entonces, por qué si el comisario jefe de la Comisaría de Puente de Vallecas se enteró esa misma tarde de la orden de la juez para que esos efectos se depositaran en dicha comisaría, el motivo por el que las dos furgonetas con los cuatro funcionarios de policía y las bolsas partieron hacia IFEMA ya avanzada la tarde.

A continuación, para abordar el momento en el que se procede a la desactivación del artilugio explosivo en el parque Azorín de Vallecas, es importante analizar la declaración del Tedax subinspector de policía número 64 501, que procedió a su desactivación sin hacerlo explosionar.

En su declaración, manifestó que, desde su punto de vista, el artefacto no funcionó porque los empalmes practicados en los cables no estaban encintados. En consecuencia, si en cualquier momento manipulando la bolsa al introducirla, pues, debajo de un asiento o en el portaequipajes, en este caso de los trenes, o simplemente moviéndola y demás, si se juntan los empalmes, al no estar encintados, cuando surge el flujo eléctrico de la batería del teléfono se produce un cortocircuito, salta una chispa y la energía no llega al detonador. Por lo que no se produce la explosión.

El mismo Tedax lo describió como un error incomprensible. Manifestando asimismo **que la utilización del móvil, que estaba muy bien confeccionado, no cuadraba con la cha-**

puza de los cables, siendo significativo que, en los mismos hechos probados, se dijera que el cable estaba pelado en su extremo y torcido, como si hubiera estado empalmado a otro, es decir, para que se produjera un cortocircuito, saltase una chispa y no se produjera la explosión, al no llegar la energía al detonador.

Asimismo, declaró que el explosivo y los clavos eran una masa. Habían quitado las envueltas de los cartuchos y habían confeccionado una masa que iba dentro de una bolsa de basura de color azul clarito, con un nudo amarillo, la clásica bolsa de basura y simplemente a través del nudo, entraban los cables que iban al teléfono móvil y la habían introducido en una bolsa de deportes. Afirmó que los cables eran de color rojo y azul, y que el artefacto contenía una masa de 10 kg de explosivo, con 600 g de metralla.

Resulta contradictorio en este sentido que, en las autopsias realizadas a los fallecidos en las explosiones de los trenes, no aparecieran restos de metralla en ninguno de los cuerpos. También, cabe recordar que en la desactivación del artilugio explosivo en el primer vagón del tren de Atocha no aparecieron restos de metralla en el foco de la explosión.

Igualmente, el Tedax subinspector de policía 65 255, que también se desplazó al parque Azorín para participar en la desactivación del artilugio explosivo, reconoció que emitió alguna nota informativa al efecto. En su declaración, ante las preguntas del abogado de la Asociación de Víctimas del Terrorismo, el citado letrado hizo mención a que las notas informativas que tenía en su poder presentaban tachados los nombres, figurando al final de la nota informativa, contenida en el folio 51 923, tomo 141, por alguien que era subinspector, **que el único medio técnico empleado**

satisfactoriamente fue el radiológico mediante el inspector, como se pudo comprobar a través de la única radiografía hecha de la bolsa. Ante lo expuesto, el citado Tedax negó que dicha nota informativa fuera escrita por él, negando categóricamente que parte de la rúbrica que se podía ver fuera suya.

Como podemos observar, de lo descrito en esa nota informativa, surgen dos contradicciones con los hechos probados de la sentencia. La primera, cuando en la nota informativa figura que solo se hizo una radiografía de la bolsa, mientras que, en los hechos probados, se afirma que, primero, se hizo una radiografía que salió velada, por lo que, a continuación, se realizó una segunda. La siguiente contradicción surge cuando en dicha nota informativa se afirma que la única radiografía hecha de la bolsa resultó satisfactoria, afirmándose en cambio en los hechos probados que ninguna de las dos radiografías resultó satisfactoria, no aportando información suficiente para su desactivación.

Referente a este momento, merece la pena analizar lo descrito por cada uno de los tres Tedax que estaban esa noche de guardia y decidieron trasladar la bolsa con el artilugio explosivo al parque Azorín para su desactivación.

El subinspector 64 501 de la Brigada Provincial de Información de Madrid, especialista en desactivación de explosivos, que esa noche fue designado como el operario número 1 para proceder a su desactivación, declaró que recibió la llamada él mismo desde la sala de operaciones del 091 a las 2 de la madrugada, ya del 12 de marzo, y que llegó a la comisaría de Puente de Vallecas entre las 2:20 y 2:30. Que una vez llegaron con el convoy formado por tres vehículos al parque Azorín, se escogió el lugar más indicado para depositar la bomba, de forma

Jesús Carmelo Bernabeu Baeza

que los edificios colindantes estuvieran lo suficientemente alejados, para que, en caso de una detonación, no se vieran afectados. A continuación, previamente a la desactivación, **hizo una única radiografía**, la cual no le sirvió para nada porque no seguía ninguna lógica ni ningún hilo conductor. Solo se podía observar la silueta del teléfono móvil y una maraña de cables. De hecho, afirmó que actualmente seguía sin decirle absolutamente nada. Aunque, ante preguntas de las Acusaciones Particulares, reconoció que sí hay algunos artefactos que, cuando se practica una radiografía, se ven los componentes, el diseño y la estructura de este. Seguidamente, procedió a su desactivación manual.

El subinspector 65 255 de la Brigada Provincial de Información de Madrid, especialista en desactivación de explosivos, designado como operario número dos, **declaró que el operario número uno, es decir, el subinspector 64 501 hizo dos radiografías. La primera salió velada, por lo que hizo una segunda, que no proporcionó información suficiente.** Coincidiendo así, con lo descrito en los hechos probados de la sentencia, pero no, en cambio, con lo manifestado en su declaración por el que fue designado como operario número uno.

Por su parte, el inspector de policía 66 618 del Grupo de Desactivación de Explosivos de la Jefatura Superior de la Policía de Madrid declaró que le llamaron sobre la 1:30 desde la sala de operaciones 091, para que se personara en la comisaría de Puente de Vallecas. Asimismo, que se hizo **una única radiografía** para ver el contenido del artefacto. Pero que, en ese momento, con todo el ajetreo y demás, no dio mucha información. Luego, se analizó mejor y sí se vieron cosas, pero en ese momento no. **Declaró que, a posteriori, él pudo observar rabillas sueltas por allí.**

Resulta también interesante el hecho de que, en el reborde de dicha radiografía, había un error en la fecha que, con posterioridad, fue subsanado.

Además, no se entiende que, si en los hechos probados se afirma que las dos furgonetas con los cuatro funcionarios policiales, junto con los efectos recogidos en la estación de El Pozo, partieron ya avanzada la tarde desde la Comisaría de Puente de Vallecas hasta IFEMA, para después regresar a dicha comisaría, cómo es posible que al subinspector 64 501, designado como operario número uno, a su llegada a dicha comisaría, se le afirmara taxativamente que los objetos habían llegado de la estación de El Pozo y no se le informara de ese traslado hasta IFEMA. Hasta el punto de que el citado funcionario policial, en su primera declaración ante el juez instructor, negara que los objetos hubieran llegado hasta IFEMA.

Por su parte, la policía nacional número 88 163, que descubrió el artefacto explosivo, haciendo inventario en la citada comisaría, localizado este en una bolsa de deportes al fondo de uno de los bolsones, en su declaración afirmó, asimismo, que no tuvo conocimiento del traslado de dichos objetos hasta IFEMA, cuando supuestamente fueron los propios compañeros de la Comisaría los que habían realizado el traslado de estos.

Siguiendo con la declaración de dicha funcionaria policial, ella manifestó que no recordaba exactamente la hora del instante en el que localizó la bolsa de deportes que contenía el artilugio explosivo. Pero podía recordar que fue pasada la medianoche porque, hacia esa hora, fueron a tomar un café y fue después de realizar dicha acción cuando encontró la bolsa, no pudiendo concretar la hora. En cambio, en los hechos probados se afirma que, en torno a la 1:30, ya del 12 de marzo, la citada policía descubrió el artilugio explosivo en el interior de una bolsa de deportes, que se encontraba al fondo de uno de los bolsones de basura.

Igualmente, la citada policía declaró que los bolsones de basura de color oscuro que contenían los objetos recogidos en la estación de El Pozo y fueron depositados en una sala de la parte trasera de dicha comisaría **estaban anudados por la parte de arriba y no fue necesario tener que romper ninguna de las bolsas para sacar los objetos. Manifestó que estaba segura de que los bolsones de basura no estaban precintados.**

Aquí surge una contradicción con los hechos probados de la sentencia, cuando en estos se afirma que los objetos y efectos que había en el interior de los trenes y esparcidos alrededor de ellos se metieron en grandes bolsas de basura, cerradas con cuerdas o con cinta aislante o de precinto, para poder ser transportadas a otro lugar e inventariarlos.

5 - Teléfonos y tarjetas

El teléfono móvil encontrado en el artilugio explosivo desactivado en el parque Azorín llevaba dentro una tarjeta de la compañía AMENA-AUNA, con el número 652 282 963 y tenía programado el despertador a las 7:40.

La carcasa del terminal telefónico había sido sustituida, voluntaria o accidentalmente, por otra de un teléfono del mismo modelo, ya que, adherida a ella, donde se ubica la batería, había una pegatina con el número de IMEI 350822 35 084461 2, cuando su IMEI interno, que lo distingue de cualquier otro terminal telefónico, era el 350822 35 094194 7.

El primero de esos IMEI, el acabado en 084461 2, no el interno, estaba vinculado al teléfono 660955944. Dicho teléfono fue comprado el 5 de enero de 2004 por doña Dolores Motos Salazar para su nieto, pero como el teléfono no funcionaba correctamente, se lo cambiaron por otro.

La tarjeta que estaba en el interior del teléfono que temporizaba y alimentaba el explosivo, contenido en la bolsa descubierta en la comisaría de Puente de Vallecas, había sido suministrada al grupo por Jamal ZOUGAM, que la tenía a su disposición en el comercio JAWAL MUNDO TELECOM – Locutorio Siglo Nuevo, sito en la calle Tribulete, número17 de Madrid, del que era socio y gerente.

Esta tarjeta formaba parte de treinta paquetes compuestos por tarjeta prepago de la compañía AMENA y terminal Motorola C450 de uso exclusivo con AMENA.

Los treinta fueron vendidos el 4 de febrero de 2004 por la empresa URITEL 2000 S.A. a SINDHU ENTERPRISE S.L, quien, tras separar los teléfonos de las tarjetas para obtener más beneficio, las vendió a la tienda de ZOUGAM.

El 3 de marzo de 2004, la tienda DECOMISOS TOP vendió a uno de los miembros del grupo terrorista, que no ha sido suficientemente identificado, nueve teléfonos de la misma marca y modelo que el del artilugio desactivado en el parque Azorín de Madrid, en la madrugada del día 12 de marzo.

Tres fueron entregados el mismo día de la compra y otros seis serían recogidos al día siguiente, 4 de marzo, con la condición de que fueran liberados. Para ello, DECOMISOS TOP encargó el 4 de marzo a la empresa TEST AYMAN, S.L, que efectuara las operaciones técnicas necesarias sobre un total de **12 equipos o**

terminales Mitsubishi Trium, y entregó los seis ya encargados a su comprador el mismo día 4, tal y como habían convenido. Otro más, el décimo, fue vendido el 8 de marzo.

De los diez teléfonos Mitsubishi Trium vendidos entre el 3 y el 8 de marzo por Bazar Top, S.L., se desconocen los IMEI de los tres vendidos el 3 de marzo.

Los 6 entregados el 4 de marzo, y que fueron liberados, tenían los siguientes números de identificación: **350822 35 084461 2, 350822 35 094194 7, 350822 35 028174 0, 350822 35 108065 3, 350822 35 107909 3, 350822 35 090154 5**. El teléfono vendido el 8 tenía el IMEI **350822 35 084292 1**.

Los siete teléfonos a los que identifican estos IMEI fueron usados con siete tarjetas de las treinta de la compañía AMENA, suministradas al establecimiento de ZOUGAM por SINDHU ENTERPRISE, S.L.

De ellos, los dos primeros corresponden, respectivamente, uno, al número de IMEI que aparece en la pegatina del teléfono que temporizaba y alimentaba el artilugio explosivo desactivado en el parque Azorín y, otro, al IMEI interno o real del aparato.

Los 7 teléfonos cuyos IMEI se han reseñado fueron encendidos sin que hicieran o recibieran llamadas, entre las 2:24 del día 10 y las 2:24 del 11 de marzo de 2004, bajo la cobertura ubicada en Morata de Tajuña, sin que después del 11 de marzo de 2004 hayan tenido actividad alguna, **pues fueron usados para temporizar y alimentar otras tantas bombas de las que explosionaron en los trenes reseñados, el 11 de marzo de 2004.**

Al menos nueve tarjetas de AMENA de la partida de treinta que llegaron al locutorio de JAMAL ZOUGAM fueron usadas por los miembros del grupo que intervinieron en los atentados:

a). La número 652282947, cuyo soporte plástico fue encontrado en el registro de la finca de Chinchón y había sido manipulado por Jamal Ahmidan, alias *El Chino*, morador de dicha finca. Dicho número fue conectado en uno de los teléfonos Trium adquiridos entre el 3 y el 8 de marzo en Decomisos Top. A su vez, ese teléfono fue usado el 9 de marzo de 2004 por Rachid OULAD AKCHA, con la tarjeta ––número de teléfono–– 653026006, que formaba parte de un total de 200 paquetes compuestos por teléfono Motorola C450 y tarjeta AMENA de prepago, vendidos a SINDHU ENTERPRISE S.L. que, tras separar las tarjetas de los teléfonos, los revendió a JAWAL MUNDO TELECOM.

b). La tarjeta asociada al número 652282963, que se encontraba dentro del teléfono móvil, en el artilugio explosivo desactivado en el parque Azorín, fue conectada con el terminal con IMEI número 350822 35 084461 2 ––otro de los teléfonos vendidos por Decomisos Top–– entre el 3 y el 8 de marzo de 2004.

c). **Otras cinco tarjetas fueron también conectadas a la red, sin hacer ni recibir ninguna llamada, a través de los teléfonos Mitsubishi Trium vendidos por Decomisos Top a miembros del grupo terrorista, entre el 3 y el 8 de marzo de 2004. Dichas tarjetas fueron encendidas en los teléfonos con IMEI de raíz 350822 35 y terminaciones en 090154 5, 107909 3, 108065 3, 045854 9 y 028174 0, respectivamente.**

d). La tarjeta número 653026304 fue usada por los individuos que se suicidaron en la calle Martín Gaite de Leganés para despedirse de sus familiares.

e). Jamal ZOUGAM usaba y tenía en su poder en el momento de su detención la número 652283306.

De lo relatado anteriormente en los hechos probados de la sentencia, referente a los teléfonos y las tarjetas, describo a continuación las **incongruencias encontradas**:

Según los hechos probados de la sentencia, el teléfono móvil encontrado en el artilugio explosivo desactivado en el parque Azorín de Vallecas llevaba dentro una tarjeta y el mecanismo utilizado como temporizador para detonar el explosivo era la programación de una alarma–despertador.

Esa tarjeta resultó una de las piezas clave en la investigación, llevando a la detención entre otros, de Jamal ZOUGAM, socio y gerente del comercio JAWAL MUNDO TELECOM-Locutorio Siglo Nuevo, quien, según los hechos probados, había suministrado dicha tarjeta al grupo terrorista, junto con otras, que fueron usadas por los miembros del grupo que intervinieron en los atentados. Este fue, finalmente, condenado como autor material de los 192 delitos de homicidio terrorista en grado consumado.

Lo que resulta incongruente en todo esto es el hecho de que esa tarjeta no era necesaria en el teléfono móvil para la activación de la función de alarma, por lo que no tiene ningún sentido que un grupo terrorista que había planificado minuciosamente los atentados tuviera la torpeza de introducir en los teléfonos unas tarjetas que, sin ser necesarias para activar la función de alarma, llevara a la detención de miembros de la célula terrorista.

Además, cuando el 3 de marzo de 2004, uno de los miembros del grupo terrorista sin identificar compró a la tienda

DECOMISOS TOP nueve teléfonos de la misma marca y modelo que el del artilugio desactivado en el parque Azorín, le fueron entregados tres el día de la compra, y los otros seis los recogió al día siguiente, 4 de marzo, con la condición de que fueran liberados. Pero, en cambio, la empresa **TEST AYMAN S.L.** efectuó **las operaciones técnicas necesarias sobre un total de 12 equipos o terminales Mitsubishi Trium**. Casualmente, fueron 12 las mochilas que explosionaron, ya que la bolsa del parque Azorín de Vallecas fue desactivada sin hacerla explosionar.

También, resulta interesante el hecho de que solo se conozcan los IMEI de los teléfonos que se enviaron a TEST AYMAN, según los hechos probados para ser liberados y no en cambio de los tres vendidos el día anterior.

El propietario de la empresa TEST AYMAN S.L. era el sirio nacionalizado español, **Ayman MAUSSILI KALAJI**, el cual en su declaración en el juicio como testigo **manifestó que en aquel momento era policía nacional en ejercicio, con conocimientos de electrónica a nivel de ingeniero técnico de telecomunicaciones y con formación militar. Según declaró, trabajó en la Unidad Central de Información Exterior de la Policía (UCIE)** hasta 1993.

Según los hechos probados, esta empresa recibió el 4 de marzo de 2004 seis de los nueve teléfonos comprados por un terrorista del grupo para que fueran liberados, pero esas operaciones no requerían los conocimientos de electrónica a nivel de ingeniería de telecomunicaciones, por no hablar del hecho de que el propietario de dicha empresa fuera un policía nacional que había trabajado para la UCIE. Cabe recordar, en este sentido, que el subinspector de policía 64501 de la Brigada Provincial de Información de Madrid, en la desactivación del artilugio explosivo en el parque Azorín, declaró que **nunca había visto jamás una bomba similar, sencilla, pero ingeniosa en el mecanismo del móvil.** Asimismo, le dio la impresión de que la persona que confeccionó el mecanismo del móvil era distinta de la que se encargó de conectar los cables, por la chapuza de estos.

Igualmente, los siete teléfonos liberados cuyos IMEI fueron descritos anteriormente, los cuales fueron encendidos sin que hicieran o recibieran llamadas, entre las 2:24 del día 10 y las 2:24 del 11 de marzo de 2004, sin que después de ese día hubieran tenido actividad alguna, pues según los hechos probados, fueron usados para temporizar y alimentar otras tantas bombas de las que explosionaron en los trenes reseñados, el 11 de marzo de 2004, **resulta incongruente que, a través de cuatro de esos mismos teléfonos Mitsubishi Trium, se hubieran conectado a la red otras tarjetas, sin hacer ni recibir ninguna llamada.**

Tiene sentido que esos siete teléfonos se conectaran sin hacer ni recibir llamadas y que, después del 11 de marzo de 2004, ya no tuvieran actividad ninguna, pues fueron confeccionados para montar las bombas. Pero ¿para qué, entonces, en los días anteriores a la confección de esas bombas, se iban a conectar a cuatro de esos mismos teléfonos unas tarjetas sin hacer ni recibir ninguna llamada?

Por último, considero también una incongruencia que la tarjeta asociada al número 652282963, la cual estaba en el interior del teléfono móvil del artilugio explosivo desactivado en el parque Azorín, fuera conectada en el terminal con IMEI número 350822 35 084461 2, es decir, correspondiente no al terminal que apareció en el artilugio explosivo, sino al de la carcasa que se le había colocado de forma

voluntaria o accidental. En cambio, en los hechos probados no consta que al teléfono que apareció en el artilugio explosivo, con IMEI interno 350822 35 0941947 se le hubieran conectado ninguna de las tarjetas que se mencionan.

6 - Piso de leganés

Sarhane Ben Abdelmajid Fakhet; Jamal Ahmidan, alias *El Chino*; Mohamed Oulad Akcha; Rachid Oulad Akcha; Abdennabi Kounjaa; Asrish Rifaat Anouar; Allekema Lamari y **una octava persona que no ha sido identificada**, junto con otras que se dirán, en la mañana del 11 de marzo de 2004, colocaron en cuatro trenes de la red de cercanías de Madrid trece artilugios explosivos de iniciación eléctrica compuestos por dinamita plástica y detonador alimentados y temporizados por un teléfono celular o móvil.

Los nombrados, sobre las 21 horas del 3 de abril de 2004, ante la inminencia de su detención por la policía, que les tenía cercados en la vivienda que ocupaban en la calle Martín Gaite, número 40, piso 1.º A, de Leganés, decidieron suicidarse detonando varias cargas de dinamita de la marca Goma 2 ECO que, además de causarles la muerte a ellos, mataron al subinspector del Grupo Especial de Operaciones del Cuerpo Nacional de Policía, don Francisco Javier Torronteras.

Los ocho ocupantes del piso, junto con los procesados, son miembros de células o grupos terroristas de tipo yihadista.

Poco antes de las 15:15 del 3 de abril de 2004, funcionarios del Cuerpo Nacional de Policía localizaron un piso en la calle Martín Gaite, número 40, 1.º A, en el distrito de Zarzaquemada de Leganés, en el que sospechaban que podía refugiarse todo o parte de los individuos que habían intervenido en los hechos del 11 de marzo.

Este piso había sido alquilado por Mohamed Belhadj, hermano del procesado Youssef Belhadj, siguiendo las instrucciones de Mohamed Afalah, para lo que, el 6 y 7 de marzo de 2004, se puso en contacto telefónico con don Jesús Vicente López Piedra, copropietario de una gestoría sita en la Avenida de los Derechos Humanos N.º 20 de Leganés. En el contrato, firmado el 8 de marzo, se hizo constar como fecha de inicio del alquiler el 1 de marzo, si bien la entrega de llaves se hizo el mismo día de la firma. El precio pactado fue 600 € mensuales y el primer pago fue de 1800 € e incluía un mes de fianza y la comisión de la gestoría que había intermediado.

Sobre las 16:00, uno de los habitantes del piso, el procesado Abdelmajid BOUCHAR, bajó a tirar la basura y se percató de la presencia policial, por lo que disimuladamente y aparentando normalidad, dejó la bolsa de basura en el suelo junto a un contenedor. Tomó entonces una calle distinta de la que le llevaba de vuelta al piso, tras lo cual emprendió veloz carrera, cruzando la vía del tren y despistando a los funcionarios que le seguían.

Uno de los policías que le vio y persiguió, el número 74 693, regresó a las inmediaciones del piso y recogió la bolsa que había dejado Abdelmajid BOUCHAR. **La Policía Científica identificó restos del ADN de BOUCHAR en unos huesos de dátil y aceituna.**

En el piso quedaron Abdennabi Kounjaa, Rifaat Anouar Asrih, Sarhane Ben Abdelmajid Fakhet, Jamal Ahmidan, Mohamed Oulad Akcha, Rachid Oulad Akcha y Allekema

Lamari, quienes, alertados de la presencia policial comenzaron a disparar, por lo que se desalojó a los vecinos.

Antes de las 18:20 del 3 de abril de 2004, Sarhane Ben Abdelmajid Fakhet llamó a su madre a Túnez para despedirse de ella, pues había decidido quitarse la vida antes de ser detenido. Lo mismo hicieron los hermanos Oulad Akcha con su familia en Marruecos y Abdennabi Kounjaa, que llamó a su hermano Abdelkader.

Las dos primeras llamadas fueron comunicadas por los servicios de información tunecinos y marroquíes al comisario jefe de la Unidad Central de Información Exterior, en la tarde del 3 de abril de 2004, quien lo puso en conocimiento de sus superiores.

Sobre las 17:45, se ordenó al Grupo Especial de Operaciones (GEO) del Cuerpo Nacional de Policía que se desplazara al lugar desde su base en Guadalajara.

Los GEO, quince hombres en total, llegaron a la calle Martín Gaite en dos grupos. El primero, compuesto por diez policías, llegó sobre las 19:00 y, el segundo, formado por cinco, lo hizo 15 minutos más tarde.

Tras ser informados de que había entre tres y cinco individuos atrincherados en el piso y de que tenían armas y explosivos y habían hecho algunas llamadas de teléfono para despedirse de sus familias, descartaron el asalto de la vivienda, aunque habían sopesado la posibilidad de hacerlo, desde **la vivienda colindante donde vivía el policía con número profesional 73 158.**

Una vez preparados el GEO, sobre las 20:30, cortaron la luz, el gas y el agua del edificio y conminaron a entregarse a los ocupantes del piso sin resultado alguno. Por ello, decidieron obligarles a salir, lo que fue autorizado por el subdirector general operativo, señor Díaz Pintado, con la prohibición expresa de que entraran en la vivienda, pues no quería correr riesgo alguno.

A las 21:00, tras parapetarse los miembros del GEO en el rellano y las escaleras que daban acceso a él, derribaron la puerta del piso con una pequeña carga explosiva que habían adosado a ella. Sin solución de continuidad, durante 2 o 3 minutos conminaron hasta en cuatro ocasiones a los ocupantes a salir y estos les respondieron con disparos y frases como "entrar vosotros mamones, entrar vosotros...".

Ante ello, para obligarles a salir, los GEO lanzaron gas lacrimógeno al interior de la vivienda y, segundos después, se produjo una gran explosión, al detonar los ocupantes unos 20 kg de dinamita de la marca GOMA 2 ECO.

La explosión causó enormes daños al inmueble y viviendas colindantes y mató en el acto a los ocupantes del piso y **al subinspector de los GEO, don Francisco Javier Torronteras,** además de causar lesiones físicas y psíquicas a otras 34 personas.

En la recogida de efectos y vestigios que se realizó en el lugar entre los días 3 y 6 de abril, se encontraron, entre otros, restos de explosivos, detonadores, armas, documentos de identidad, papeles manuscritos, libros, cintas de video, ordenadores, dispositivos de almacenamiento masivo de datos digitales que contenían archivos informáticos, así como restos genéticos y lofoscópicos.

Entre la documentación recogida, se encontró una carpeta en cuyo interior había documentos a nombre de un funcionario de policía con número profesional 73 158,

vecino del inmueble, relativa a trabajos desarrollados por él hasta julio de 2003, en el área especial de seguimientos de la Comisaría General de Información y que, tras ser reconocidos, le fue devuelta después de que se hubiera hecho una relación somera de estos.

Fueron hallados, recogidos y clasificados 594 envoltorios o fajas de dinamita GOMA 2 ECO, 238 detonadores eléctricos, **con los cables de color rojo y azul,** 14 bolsas vacías de GOMA 2 ECO de 5 kg cada una y más de 17 kg de dicho explosivo.

También, se encontraron dos subfusiles de la marca STER-LING MK2, del calibre 9 milímetros Parabellum, dos cargadores, parte de la empuñadura de una pistola semiautomática de pequeño calibre, **tres cartuchos del calibre 9 mm. Pb.,** un silenciador metálico de 14 cm de longitud y una pistola marca ASTRA, cuya caja o estuche se había encontrado previamente en el registro de la calle Villalobos, número 51, domicilio de Jamal Ahmidan, alias *El Chino*, en Madrid.

Se intervinieron los siguientes documentos de identidad y personales:

- De Abdelmajid BOUCHAR, un pasaporte marroquí, una tarjeta de abono transporte de Madrid, el *ticket* mensual de esta, correspondiente a enero de 2004, y una carta, fechada el 22 de marzo de 2004, requiriéndole para que se presentara en la oficina de empleo de la calle Paseo de la Ermita, número 17 de Leganés.

- Del suicida Sarhane Ben Abdelmajid Fakhet, alias *El Tunecino*, un pasaporte de la República de Túnez, una tarjeta de residencia y un permiso de conducir internacional, todos auténticos.

- Del suicida Abdennabi Kounjaa, una carta de identidad marroquí y otra inauténtica.

- Del suicida Rifaat Anouar, un pasaporte marroquí y una tarjeta de la seguridad social.

También, se recuperaron entre las ruinas del piso, tres documentos de identidad que habían sido manipulados por el procesado NASREDDINE BOUSBAA, por encargo de Jamal Ahmidan quien, previamente, a finales de enero de 2004, le había entregado los originales:

- Un pasaporte español, a nombre de Mohamed Mohamed Ali, en el que insertó la fotografía del suicida Abdennabi Kounjaa. Este documento fue utilizado por el grupo para alquilar, el 6 de marzo de 2004, una vivienda en la calle Hornillo, número 2 de la localidad de Albolote, Granada.

- Un permiso de conducir español, en el que figuraba la fotografía de Jamal Ahmidan.

- Y un pasaporte español a nombre de Mustafa Mohamed Larbi, también con la fotografía de Jamal Ahmidan.

Esparcidos por el lugar, se encontraron varios libros de contenido religioso, distintos manuscritos en español y árabe, croquis, dibujos, direcciones sobre lugares de culto judío en España, borradores de los comunicados y reivindicaciones de los atentados del 11 de marzo, un escrito anunciando nuevos atentados, así como otro sobre la colocación del artefacto explosivo en las vías del AVE Madrid-Sevilla, una carta de despedida de uno de los suicidas y un juego de fotografías del procesado Mohamed BOUHARRAT.

Asimismo, se encontró un texto incompleto, manuscrito en lengua árabe, en el que el grupo se atribuía la colocación del artefacto explosivo en la vía del AVE Madrid-Sevilla, a su paso por Mocejón (Toledo). Este papel, escrito por el suicida Sarhane Ben Abdelmajid Fakhet, junto con otro texto encontrado en otro papel diferente, eran borradores del fax remitido al periódico ABC a las 18 horas del 3 de abril por los yihadistas.

Entre las ruinas, fueron encontradas dos cintas de video grabadas el 27 de marzo de 2004, con una cámara de video JVC, que también estaba entre los escombros. Las cintas contenían grabaciones con reivindicaciones de los atentados del 11 de marzo y ambas eran de la marca TDK. En ellas, aparecen tres personas con la cara cubierta, portando una pistola y un subfusil y vestidos con unas túnicas blancas, sobre las que llevan chalecos con cartuchos de explosivos.

A sus espaldas, a modo de estandarte, se ve un trozo de tela rectangular, de color verde, también recuperado entre los escombros, con la leyenda en árabe "No hay más que Dios. Dios es único y Mohamed es su profeta".

Asimismo, se recuperaron videos sobre campamentos de AL QAEDA y sobre la organización terrorista ANSAR AL SUNNAH. En concreto, una referida al atentado contra los miembros del CNI español en Iraq el 29 de noviembre de 2003, en la que aparece el vehículo todo terreno que ocupaban los agentes españoles, así como los carné identificativos de algunas de las víctimas.

Del disco duro de un ordenador marca TOSHIBA, se lograron recuperar por la Policía Científica, ficheros de contenido doctrinal, proselitista yihadista y de contenido militar, destacando, entre los de contenido proselitista, uno sobre la emigración y la preparación a la yihad.

De igual modo, en un dispositivo de almacenamiento masivo de datos-USB, había diversos ficheros, en su mayoría con textos de contenido religioso relativos a la yihad, así como documentos en árabe relativos a la movilización, reclutamiento, adoctrinamiento, formas y fórmulas para la elaboración de explosivos, adopción de medidas de seguridad, actitud ante la detención, etcétera. Ficheros de análogo contenido se recuperaron de otras cinco memorias USB encontradas en la inspección ocular.

El 5 de marzo de 2004, Jamal Ahmidan, alias *El Chino*, se interesó por el alquiler de una casa en un pueblo de los alrededores de Granada.

Al día siguiente, 6 de marzo (el mismo día que se hicieron las gestiones para el alquiler del piso de la calle Martín Gaite, número 40, planta 1.ª, puerta 2.ª de Leganés), Abdennabi Kounjaa y Rachid Oulad viajaron hasta Granada y arrendaron una casa en la localidad de Albolote, de la que pagaron en metálico el importe de una mensualidad.

En la firma del contrato, Abdennabi Kounjaa utilizó el nombre de Mohamed Mohamed Ali y presentó como documento de identidad un pasaporte español inauténtico. Rachid Oulad Akcha, que actuó de fiador, dijo no disponer de ningún documento de identidad, dando el nombre de Ismael Ahmed Anuar.

El procesado **Mohamed LARBI BEN SELLAM**, como miembro de una de las células terroristas, tenía por misión adoctrinar, reclutar y auxiliar a individuos para hacer la yihad.

Tras la explosión y suicidio de los ocupantes del piso de Leganés, Mohamed Belhadj y Mohamed Afalah se marcharon precipitadamente de España y para ello fueron ayudados por LARBI BEN SELLAM, quien, el 8 de marzo de 2004, se había trasladado a vivir a Santa Coloma de Gramanet, Barcelona, al saber que lo buscaba la policía.

Mohamed LARBI BEN SELLAM es una persona muy radical que profesa un profundo odio a los estadounidenses e israelíes y que justificaba los atentados suicidas. También, realizó labores de adoctrinamiento con Mohamed El Idrissi.

Mohamed LARBI BEN SELLAM tenía relación estrecha con Jamal Ahmidan, alias *El Chino*, con Mohamed Oulad Akcha y con Said Berraj, que iban a verle con frecuencia al mercado de Chamberí al final de la jornada laboral. En la segunda planta de dicho mercado, mantuvieron reuniones donde hablaban de la necesidad de cometer acciones violentas contra los infieles.

Mohamed LARBI BEN SELLAM frecuentaba el local de la calle Virgen del Coro, gestionado por **ALMALLAH DABAS**, en el que tuvo numerosos encuentros con **Basel GHALYOUN**. Una huella de este procesado apareció en el desescombro de Leganés.

El procesado Youssef BELHADJ es miembro de uno de los grupos que forman la red Al Qaeda. Ha realizado labores de proselitismo y justificado los actos de terrorismo contra los infieles, además de recaudar fondos a través de la mezquita para financiar la actividad yihadista internacional.

El procesado Hassan EL HASKI, alias Abu Hamza, es dirigente del Grupo Islámico Combatiente Marroquí (GICM), organización armada que comete actos violentos contra personas y bienes con el fin de aterrorizar a la población.

En tal condición, mantuvo distintas reuniones con otros integrantes del grupo en distintos países de Europa, en las que se discutió sobre las pautas de actuación de la banda, sobre quién iba a suceder al último jefe detenido o sobre cuestiones tácticas, como esconderse o no tras el cúmulo de detenciones que se estaban produciendo en Bélgica o España.

En el domicilio belga de Abdelkader Hakini, alias "Said", condenado en Bélgica por ser miembro de una organización terrorista en sentencia de 16 de febrero de 2006, se encontró el pasaporte marroquí de Hassan EL HASKI.

Mouhannad ALMALLAH DABAS, Fouad EL MORA-BIT ANGHAR y Basel GHALYOUN realizaban labores de captación y adoctrinamiento de futuros terroristas y de apoyo y asistencia a los que ya lo eran. Esta labor se realizaba en distintos lugares, entre ellos en un local habilitado como vivienda, sito en la calle Virgen del Coro, número 11 de Madrid; las orillas del río Alberche o el domicilio del suicida Sarhane Ben Abdelmajid Fakhet, en la calle Francisco Remiro, número 41, piso 1.º derecha, de Madrid, donde estuvieron censados y residieron Basel GHALYOUN y Mustafa MAYMOUNI. Este último está preso en Marruecos como responsable del atentado contra la casa de España de Casablanca.

El local de Virgen del Coro era regentado por ALMA-LLAH DABAS, aunque estaba arrendado a nombre de su hermano Moutaz, y en él vivían los otros dos procesados, El Morabit Anghar y Basel Ghalyoun.

El local se usaba para celebrar reuniones, en las que se exhibían videos de contenido islamista radical y para acoger a musulmanes de paso, bien con la intención de

captarlos o bien para ampararlos y auxiliarlos si compartían sus ideas extremas.

Los tres procesados tenían una estrecha relación con el núcleo de la célula que se suicidó en Leganés. Uno de sus miembros, Rifaat Anouar, se refugió el 11 de marzo de 2004 en la calle Virgen del Coro y **los teléfonos de Fouad EL MORABIT ANGHAR y Basel GHALYOUN, así como un gorro usado por este y unas cintas de casete de Mouhannad ALMALLAH DABAS, aparecieron en el desescombro del piso de Leganés**. Asimismo, en el registro efectuado en la calle Virgen del Coro, número 11 de Madrid, se intervino un ordenador portátil que contenía ficheros sonoros con canciones sobre el sufrimiento palestino y la opresión de los judíos, así como canciones religiosas radicales de despedida a los muyahidines.

Saed EL HARRAK es miembro de la célula que se suicidó en Leganés el 3 de abril de 2004 y había mantenido intenso contacto personal y telefónico con otros integrantes del grupo, en especial con Kounjaa, del que era depositario de su testamento o carta de despedida. Este documento fue hallado dentro de una bolsa de deportes que EL HARRAK tenía en la taquilla de su lugar de trabajo, la empresa Encofrados Román.

En dicho testamento, manuscrito en árabe y compuesto por tres papeles metidos en un sobre blanco, había nueve huellas de Kounjaa correspondientes a tres dedos distintos, el índice de la mano derecha y el pulgar y el medio de la izquierda.

El procesado recibió el 21 de marzo de 2004 una llamada desde el teléfono 618840587, utilizado también por Mohamed Oulad Akcha y que fue usado el 3 de abril de 2004 por varios de los que se suicidaron en Leganés para despedirse de sus familias.

Con anterioridad al 11 de marzo, Saed EL HARRAK mantuvo también diversos contactos telefónicos con otros miembros del grupo, como Kounjaa, Mohamed Oulad Akcha, Rachid Oulad Akcha, Rifaat Anouar y con el teléfono de la mujer de Jamal Ahmidan, alias *El Chino*.

El día antes de los atentados de Madrid, Saed EL HARRAK recibió sendas llamadas de Mohamed Oulad Akcha, a quien dice no conocer, y de Kounjaa. Los tres estuvieron juntos en la zona de Mocejón (Toledo) el 7 de marzo de 2004.

Durante el registro de su domicilio, sito en la calle Macarena, número 40, 1.º izquierda, de Parla (Madrid), se intervino una agenda en la que estaba manuscrito el número de Rachid Oulad Akcha y una carta de pago del impuesto sobre vehículos de tracción mecánica, correspondiente al Ford Escort, matrícula M-3384-KT, propiedad de Saed EL HARRAK. La documentación de este coche apareció en el desescombro de Leganés, tras la explosión en la que se suicidó parte del grupo. Allí también se encontró un papel con el número de teléfono del procesado.

Mohamed BOUHARRAT, como miembro del grupo yihadista, realizaba las labores de captación y recopilación de información sobre posibles objetivos para los ataques violentos, información que ponía a disposición de la célula.

Tras la explosión provocada por los ocupantes del piso de Leganés, el procesado se marchó de su domicilio y alquiló una habitación que pagaba diariamente en el hotel Castilla de Fuenlabrada.

En el desescombro de Leganés, se encontró en relación con el procesado un papel manuscrito por él mismo, varias fotografías de tamaño carné y una huella dactilar del procesado, que asentaba en un libro escrito en árabe reseñado con el número 7.

BOUHARRAT usaba un Renault 19, matrícula M-0136-OV, que fue comprado por Mohamed AFALLAH el 2 de abril de 2004, a nombre del procesado Abdelmajid BOUCHAR y con documentación de este.

También usó el vehículo Citroën C-3, matrícula 2825 CJX, que fue sustraído a su propietario el 29 de marzo de 2004 y recuperado el 12 de abril, en la calle Rosa Chacel de Leganés.

El procesado **Nasreddine BOUSBAA**, en enero de 2004, aceptó manipular dos pasaportes y un permiso de conducir españoles que Jamal Ahmidan le entregó.

En los primeros días de marzo de 2004, antes del día 6, BOUSBAA devolvió en un bar del barrio de Lavapiés (Madrid) a El Chino dichos documentos debidamente alterados, tratándose de un pasaporte español a nombre de Mohamed Mohamed Ali, en el que había puesto la fotografía de Abdennabi KOUNJAA. Este documento fue utilizado por Kounjaa para alquilar, el 6 de marzo de 2004, la vivienda sita en la calle Hornillo, número 2, de Albolote (Granada). El segundo documento era un permiso de conducir español, en el que figuraba la fotografía de Jamal AHMIDAN y, por último, un pasaporte español a nombre de Mustafa MOHAMED LARBI, pero con fotografía de Jamal AHMIDAN.

Los tres documentos reseñados aparecieron en el desescombro del piso de la calle Martín Gaite, núm. 40, planta 1.ª, puerta 2.ª de Leganés.

Nasreddine BOUSBAA había sido detenido en dos ocasiones por falsificación de documentos.

De lo relatado en los hechos probados de la sentencia sobre todo lo concerniente al piso de Leganés, describo a continuación las **contradicciones e incongruencias encontradas**:

La primera de las contradicciones, y muy importante, la encontramos en sus primeras líneas, cuando se afirma que los siete suicidas y **una octava persona que no ha sido identificada**, junto con otras que se dirán, en la mañana del 11 de marzo de 2004, colocaron trece artilugios explosivos, en cuatro trenes de la red de cercanías de Madrid. **Los ocho ocupantes del piso**, sigue afirmando, son miembros de células o grupos terroristas de tipo yihadista.

Sobre las 16:00, **uno de los habitantes del piso, Abdelmajid BOUCHAR**, bajó a tirar la basura y se percató de la presencia policial, por lo que, tras dejar la bolsa de basura en el suelo junto a un contenedor, emprendió veloz carrera y fue perseguido por unos policías que, finalmente, no pudieron darle alcance. **En el piso quedaron los siete suicidas**, quienes, alertados de la presencia policial comenzaron a disparar, por lo que se desalojó a los vecinos.

Con esta afirmación, en los mismos hechos probados de la sentencia, surge la primera de las contradicciones, ya que Abdelmajid BOUCHAR era uno de los habitantes del piso aquella tarde. Se afirma que eran ocho los ocupantes de este y que quedaron los siete suicidas, los cuales después de bajar BOUCHAR a tirar la basura y percatarse de la presencia policial, comenzaron a disparar. Por este motivo, a Abdelmajid BOUCHAR, en un primer momento se le había solicitado una pena de prisión de 38 654 años de cárcel, como autor material de los atentados. Pero, finalmente, por la Audiencia Nacional **resultó absuelto del delito de autoría** y fue condenado por el delito de pertenencia a organización terrorista y tenencia de explosivos, a la pena de 18 años de prisión.

En los escenarios de los trenes, no aparecieron restos de ADN de ninguno de los siete suicidas y tampoco hubo testimonios válidos de testigos que los vieran en los trenes aquella mañana del 11 de marzo de 2004.

Por lo tanto, lo ocurrido la tarde del 3 de abril de 2004 y la recogida de efectos y vestigios en el piso de Leganés, realizada entre los días 3 y 6 de abril, junto a los restos biológicos encontrados en la finca de Morata de Tajuña, es lo que ha servido para llegar a la afirmación de que esos siete suicidas, junto con otras personas, colocaron los trece artilugios explosivos.

Por todo ello, teniendo en cuenta que BOUCHAR estaba en aquel piso aquella tarde, junto a los siete terroristas que momentos después se suicidaron, y que, asimismo, aparecieron objetos de este, tanto en el desescombro del piso de Leganés como en la Finca de Morata de Tajuña, al resultar este absuelto como autor material de los atentados, existen serias dudas en la afirmación de los hechos probados de la sentencia, al decir que esos siete suicidas junto a otras personas colocaron las bombas.

Uno de los policías que vio y persiguió a BOUCHAR cuando este bajó del piso a tirar la basura fue el policía con TIP 74 693.

Este funcionario policial, en aquel momento era un policía nacional de la escala básica, perteneciente a la UCIE (Unidad Central de Información Exterior), investigación de grupos islámicos.

En su declaración, ante las preguntas del Ministerio Fiscal y de las Acusaciones Particulares, este policía manifestó lo siguiente:

- "La persona que dejó la basura y huyó a la carrera era una persona muy atlética, iba en deportivas y pantalón vaquero, y para ir en ropa de calle el hombre corría mucho. **Llevaba una gorra**".
- En el acta de reconocimiento, el testigo no dijo que reconociera a la persona, ni mucho menos. Dijo creer que era una persona, la que más se parecía era el número 6. **El testigo manifestó que el que más se le parecía era el número 6, pero estaba más fuerte de pecho. Aquella persona era más delgada** y en aquel momento no tenía perilla, pero las piernas las tenía delgadas como aquel y la altura también era la misma.
- En el momento de la vigilancia, se encontraba antes de entrar al portal, en la acera, a tres metros de la puerta. En el transcurso de la vigilancia, no vio salir a nadie más del edificio. Se encontraba a una distancia de unos 15 a 20 metros del contenedor de basura.
- Desde que salió detrás de la persona que huyó a la carrera y volvió y recogió la bolsa, pasarían entre 15 a 25 minutos. Estaba convencido de que se trataba de la misma bolsa. La bolsa llevaba lo que es el tallo del dátil, sobresaliendo de las ataduras que llevaba arriba. **Además, no tenía nada que ver con las demás bolsas que estaban allí. Esta era de un color diferente a las demás y mucho más grande. Por este motivo, no tuvo dudas de que se trataba de la misma bolsa que se había dejado allí y no la pudo confundir con otra**.
- Los primeros disparos, se produjeron entre las 16:30 y las 17:00. Seguidamente a los disparos, se escucharon unos cánticos. Eran cánticos en vivo, con personas que los hacían, además, bastante fuertes. **No supo decir si los disparos que escuchó fueron realizados hacia la calle o dentro del piso.** Lo único que pudo afirmar es que escuchó los disparos encima de donde él estaba.

Cuando escucharon los disparos, miraron el edificio porque no tenían localizado el piso. **En un principio, manifestó que, cuando bajó el portón del vehículo, se produjeron 5 o 6 disparos y, seguidamente, unos minutos más tarde, hubo un par de ellos, luego otros dos o tres y ya no volvió a escuchar ninguno. Fueron disparos seguidos, no de repetición. Antes de la detonación, escuchó un disparo, silencio y la explosión.**

De lo anteriormente declarado por este funcionario policial, surgen incongruencias y alguna contradicción con los hechos probados de la sentencia que describo a continuación:

En primer lugar, resulta significativo el hecho de que esa bolsa de basura, dejada por Abdelmajid BOUCHAR en el suelo junto a los contenedores, fuera mucho más grande y de un color diferente al resto de bolsas de basura que estaban allí. **Hasta el punto de que, según el funcionario policial, no tenía nada que ver con las demás bolsas que se encontraban junto a esta**, motivo por el que el policía, después de perseguir a BOUCHAR durante 15 a 25 minutos, tras volver al lugar donde este había dejado la bolsa, no la pudo confundir con otra.

Además, la Policía Científica identificó restos del ADN de BOUCHAR en unos huesos de dátil y aceituna que se encontraban en el interior de esa bolsa de basura. **Por lo que resulta una incongruencia el hecho de que en el interior de esa bolsa, en la que habría restos de basura y residuos, no se encontrara resto alguno de ADN de los siete suicidas.**

Referente a los disparos, el funcionario policial manifestó que, en un primer momento, se realizaron unos diez disparos y, justo antes de la detonación, **escuchó un solo disparo,** silencio y la explosión. Los hechos probados coinciden con el policía en los primeros disparos que se efectuaron. Pero, en cambio, justo antes de la detonación, en los hechos probados, se afirma que, tras derribar los GEO la puerta de la vivienda con una pequeña carga explosiva que habían adosado a ella, **estos les respondieron con disparos**.

Por lo tanto, según la declaración del policía 74 693 y lo relatado en los hechos probados sobre dicho suceso, al menos se realizaron once disparos. Pero, en cambio, en la recogida de efectos y vestigios en el piso de Leganés, que tuvo lugar entre los días 3 y 6 de abril, según se afirma en los mismos hechos probados de la sentencia, **tan solo se recogieron tres cartuchos del calibre 9 mm Pb**.

Según los hechos probados de la sentencia, en la recogida de efectos y vestigios en el desescombro del piso de Leganés, se hallaron dos subfusiles de la marca STERLING MK2, del calibre 9 milímetros Parabellum, dos cargadores, parte de la empuñadura de una pistola semiautomática de pequeño calibre, tres cartuchos del calibre 9 mm Pb, un silenciador metálico y una pistola marca ASTRA, cuya caja o estuche se había encontrado previamente en el registro de la calle Villalobos, número 51, domicilio de Jamal AHMIDAN en Madrid.

En el juicio por los atentados, se llevó a cabo una pericial de balística en la que participaron los policías con TIP 18 522, 18 851 y 18 452, los cuales, ante las preguntas del Ministerio Fiscal y de las Acusaciones Particulares, manifestaron lo siguiente:

- Que no podían saber si esos dos subfusiles estaban en condiciones de disparar antes de la explosión, puesto que la primera vez que los vieron fue cuando llegaron al laboratorio.

- Que hicieron un examen de un resto de un disparo en Bilbao y otro resto encontrado en Leganés. **Los dos eran coincidentes y provenientes de la misma arma.** La Policía Autónoma Vasca les mandó una vaina y una bala 9 mm Parabellum, las compararon con las dos vainas y la bala del 9 mm Parabellum que tenían dubitados en Leganés, y **llegaron a la conclusión de que de todas ellas habían sido percutidas las vainas y disparadas las balas por una misma arma. El arma, de momento no la tenían; no sabían cuál era, pero se trataba de la misma arma, ahí no había ninguna duda.**

- Procedente de Leganés, ellos recibieron en unión de los subfusiles, **dos vainas percutidas que son las que sus compañeros identificaron con ese suceso cometido en Bilbao y una vaina más percutida del calibre 12.**. También recibieron **dos cartuchos percutidos, pero no disparados** que, tras las pruebas identificativas, se pudo llegar a determinar que fueron **percutidos por uno de los dos subfusiles.**

De la declaración de los policías en la pericial de balística, sobre lo recibido procedente de Leganés, las tres vainas percutidas que reciben no coincide con los disparos que efectuaron los siete suicidas antes de hacer explosionar la vivienda. Todo ello, según lo manifestado por el policía 74 693 que estuvo aquella tarde en la calle Martín Gaite de Leganés y lo relatado en los hechos probados de la sentencia.

Igualmente, el modelo MK2 no corresponde al subfusil STERLING como se afirma en los hechos probados de la sentencia, sino al subfusil STEN, el cual fue utilizado por las tropas británicas en la Segunda Guerra Mundial (1941), y eliminado lentamente del servicio británico durante los años 1960, y que fue reemplazado por el subfusil STERLING, con varios modelos como el MK4.

Algunas pistolas ametralladoras STEN MK.II fueron fabricadas con silenciadores integrales para las operaciones secretas y marcadas como MK.II. Recordemos que en el piso de Leganés se encontró un silenciador metálico.

El subfusil STEN MK2 empleaba un cartucho de pistola de 9x19 mm Parabellum, que era útil en el caso de munición alemana capturada, pues se podía utilizar. Por su parte, la producción de armas cortas ASTRA arrancó durante la década de 1910. Se utilizó tanto en la Primera como en la Segunda Guerra Mundial y en la guerra civil española. La pistola ASTRA modelo 600, que usaba cartuchos del calibre 9 mm Parabellum, la mayoría de unidades fabricadas durante esos años se vendieron a la Alemania nazi.

Cabe recordar, también, que en el piso de Leganés se encontró una pistola ASTRA, no precisando modelo, cuya caja o estuche se había encontrado previamente en el registro del domicilio de Jamal AHMIDAN en Madrid.

Respecto al examen de ese resto de un disparo en Bilbao, el hecho tuvo lugar el 31 de diciembre de 2003, en el bar Txikia de dicha ciudad. Según los informes policiales incorporados al sumario, aquella Nochevieja, Jamal AHMIDÁN, en torno a las 23:15, le pegó un tiro en la pierna a Larbi RAICHI en la puerta del bar, por una deuda de drogas que ascendía a 24 000 euros. La Policía Autónoma Vasca recogió una vaina y una bala del calibre 9 mm Parabellum del lugar de los hechos. Además, comprobó que RAICHI tenía numerosos antecedentes por tráfico de drogas, lesiones, amenazas y allanamiento de morada, entre otros. Esa vaina y esa bala resultaron coincidir con dos vainas y una bala, también del calibre 9 mm Parabellum, encontrados en el piso de Leganés. Afirmaron los policías de la pericial de balística que de todas ellas habían sido

El camino hacia la verdad

percutidas las vainas y disparadas las balas por una misma arma. Esto venía a confirmar que uno de los suicidas de Leganés era Jamal AHMIDÁN, alias *El Chino*.

Por todo ello, resulta una incongruencia que la pistola ASTRA encontrada en el desescombro del piso de Leganés, cuya caja o estuche se había encontrado previamente en el registro de la calle Villalobos, número 51, domicilio de Jamal AHMIDAN, alias *El Chino*, en Madrid, NO SE ENVIARA al Laboratorio de Balística Forense. Recordemos que los policías que formaron parte de la pericial de balística, en su declaración en el juicio con fecha 16 de mayo de 2007, manifestaron que, hasta el momento, el arma ellos no la tenían y, por lo tanto, no sabían cuál había sido el arma utilizada en esos dos escenarios. En cambio, sí recibieron los dos subfusiles procedentes de la recogida de efectos y vestigios, llevada a cabo en el piso de Leganés.

Por último, me referiré a los disparos efectuados desde el piso de Leganés, la tarde del 3 de abril de 2004, para reforzar todavía más, si cabe, la contradicción surgida en los mismos hechos probados. Recordemos que se afirma que se realizaron por dos veces una serie de disparos, primero tras bajar Abdelmajid BOUCHAR sobre las 16:00 a tirar la basura y ser alertados de la presencia policial y el resto de disparos, justo antes de la detonación, tras derribar los GEO la puerta de la vivienda. En cambio, en esa recogida de efectos y vestigios en el piso, tan solo se recogieron tres cartuchos del calibre 9 mm Parabellum. Además, de los dos subfusiles que se recogieron en el desescombro del piso, el cargador de cada uno tiene capacidad para 34 cartuchos y una cadencia de tiro de 550 disparos por minuto. Es decir, la principal virtud de estas dos armas es el alto volumen de fuego que se puede obtener con ella.

Según los hechos probados de la sentencia, en la vivienda colindante al piso de Leganés, donde se suicidaron los siete terroristas, vivía el policía con número profesional 73 158. En esa recogida de efectos y vestigios del piso, se hallaron diversos documentos y, entre la documentación recogida, se encontró una carpeta en cuyo interior había documentos a nombre de un funcionario de policía con número profesional 73 158, vecino del inmueble, relativa a trabajos desarrollados por él hasta julio de 2003, en el área especial de seguimientos de la Comisaría General de Información.

Por lo que resulta sorprendente el hecho de que estos siete terroristas, tras cometer con éxito los atentados más graves en la historia de nuestro país y de toda la Unión Europea, en lugar de huir del país ese mismo día, aprovechando el desconcierto, decidieran, además con la intención de seguir cometiendo atentados en España, refugiarse todos ellos en un piso que colindaba pared con pared con el inmueble donde vivía, precisamente, este funcionario policial, que trabajaba en el área especial de seguimientos de la Comisaría General de Información.

En la declaración de Abdelmajid BOUCHAR, ante las preguntas del Ministerio Fiscal y de las Acusaciones Particulares, este manifestó lo siguiente:

- Que era atleta y había participado en varias competiciones, y esta era la fuente de sus ingresos en un 60% a 70%. Estaba federado en el club de atletismo de Zarzaquemada y también en la disciplina de karate.
  Fue identificado por un testigo en una rueda de reconocimiento como una persona que se bajó del tren en la estación anterior a la calle Téllez. Referente a este hecho, declaró que, el 8 de marzo de 2006, la testigo que le

mencionó señaló el número 6 que era él y, en cambio, cuando prestó declaración, cambió totalmente y mencionó al número 2, que era Jamal ZOUGHAM.

Por ello, según Abdelmajid BOUCHAR, se puede afirmar que dicha testigo realmente no llegó a ver a esa persona en los trenes. Incluso, la descripción que dio ante el juez de instrucción Juan del Olmo no coincidía con él. Por este motivo, no entendía cómo si esta testigo no había sido capaz de reconocerle en las fotos y tampoco le había descrito acertadamente por qué, entonces, se le metió en la habitación de interrogatorio.

. Sobre el agente de policía que le persiguió, declaró que, cuando lo llevaron a la rueda de reconocimiento, este funcionario policial señaló el número 6 que era él, pero dijo que era el más parecido a la persona que vio. Indicó que tenía piernas largas, que tenía la misma altura, **pero señaló, además, que no podía ver su cara porque llevaba un gorro** y, en cambio, concluyó que era el número 6. Además, BOUCHAR manifestó que los días 4 y 5 de abril, **cuando se le mostraron primeramente las fotos a ese agente, no le reconoció**.

. En cuanto a los documentos que aparecieron en Leganés, este declaró que los perdería o se los robaron a finales de marzo de 2004. Que no denunció la pérdida o sustracción de la documentación porque en la mezquita se dejó su chaqueta y todavía confiaba en que fuera encontrada.

. En cuanto a la finca de Morata de Tajuña, donde supuestamente se montaron las bombas, declaró que allí trabajó mucha gente y ninguna de ellas le vio por allí. Que él no había estado nunca en dicha finca. **Aunque se encontró una maquinilla de afeitar suya, declaró referente a este hecho, que él normalmente se afeitaba en el mismo lugar de trabajo, para no perder tiempo porque era atleta y que había coincidido en el trabajo con gente como Mohamed AFALAH.** Asimismo, manifestó que los objetos que aparecieron tanto en la finca de Morata de Tajuña como en el piso de Leganés, eran objetos todos ellos transportables de un sitio a otro.

. Sobre Mohamed AFALAH, declaró que lo conoció a finales del 2003. Su relación con él fue meramente profesional, una relación laboral. BOUCHAR había trabajado en muchos oficios como carpintero y electricista. Mohamed AFALAH le cogió para trabajar con él, coincidiendo con este en la empresa Telecinco, a finales de 2003. Afirmó que trabajaron entre 20 y 25 días.

. **Mohamed AFALAH compró un vehículo Renault 19, careciendo de permiso de conducir, con la documentación de BOUCHAR. Pero este negó los hechos, diciendo que nunca le dio esos documentos y que su relación con él fue estrictamente laboral**, coincidiendo esos días en la empresa Telecinco y terminando su relación con AFALAH tras concluir el trabajo.

. Por último, manifestó que después del 11 de marzo y hasta el 4 de abril de 2004, él había permanecido en España y, concretamente, en Madrid. En cambio, cualquier persona que cometiera un crimen de esta índole, lo normal era que huyera inmediatamente y no permaneciera en el país y, mucho menos, en Madrid, durante el mencionado período de tiempo.

Siguiendo con lo relatado en los hechos probados de la sentencia, el procesado Mohamed LARBI BEN SELLAM era miembro de una de las células terroristas, **teniendo por misión adoctrinar, reclutar y auxiliar a individuos para hacer la yihad**. Era una persona muy radical que profesaba un profundo odio a los estadounidenses e israelíes y que justificaba los atentados suicidas. Tenía relación estrecha con Jamal AHMIDAN, Mohamed OULAD AKCHA y con Said BERRAJ, que iban a verle con frecuencia al mercado de Chamberí, al final de la jornada laboral. En la segunda planta de dicho mercado, mantuvieron reuniones en las que hablaban de la necesidad de cometer acciones violentas contra los infieles. Asimismo, **Mohamed LARBI BEN SELLAM frecuentaba el local de la calle Virgen del Coro, gestionado por ALMALLAH DABAS, en el que tuvo numerosos encuentros con Basel GHALYOUN.**

Según los hechos probados, Mouhannad ALMALLAH DABAS, Fouad EL MORABIT ANGHAR y Basel GHAL-YOUN **realizaban labores de captación y adoctrinamiento de futuros terroristas y de apoyo y asistencia a los que ya lo eran. Esta labor se realizaba en distintos lugares, entre ellos, en un local habilitado como vivienda, sito en la calle Virgen del Coro, número 11 de Madrid.**

El local de Virgen del Coro era regentado por ALMALLAH DABAS y en él vivían los otros dos procesados, EL MORA-BIT ANGHAR y Basel GHALYOUN. **Este local se usaba para celebrar reuniones en las que exhibían videos de contenido islamista radical y para acoger a musulmanes de paso, bien con la intención de captarlos o bien para ampararlos y auxiliarlos, si compartían sus ideas extremas.**

Los tres procesados tenían una estrecha relación con el núcleo de la célula que se suicidó en Leganés. Uno de sus miembros, Rifaat ANOUAR, se refugió el 11 de marzo de 2004 en la calle Virgen del Coro y **los teléfonos de Fouad EL MORABIT ANGHAR y Basel GHALYOUN, así como un gorro usado por este y unas cintas de casete de Mouhannad ALMALLAH DABAS, aparecieron en el desescombro del piso de Leganés.**

En su declaración, Mohamed LARBI BEN SELLAM, ante las preguntas del Ministerio Fiscal y de las Acusaciones Particulares, manifestó lo siguiente:

- Que viajó a Marruecos en octubre de 2003 y permaneció allí hasta el 6 de enero de 2004. A partir de dicha fecha, residió con su hermano en Madrid, en Villaverde Bajo.
- Que trabajó en esa época, enero de 2004, en la construcción en Leganés. Trabajó hasta el día 1 o 2 de marzo y, el viernes 5 de marzo de 2004, fue a la oficina a cobrar pero, al no localizar al encargado, volvió el lunes siguiente, 8 de marzo, y ese mismo día viajó a Barcelona.
- **Que trabajó en esa obra con Mohamed AFALAH,** preguntando previamente por trabajo en la mezquita de Villaverde en Leganés, donde el imán era **Abdelkader EL FARSSAOUI, alias Cartagena, y contactó con Mohamed AFALAH en dicha mezquita, con el que finalmente trabajó como ayudante.**
- Que también conoció a Said BERRAJ, antes que a Mohamed AFALAH.
- Por último, manifestó que la única explicación que tenía sobre su huella dactilar, encontrada en un libro del Corán en el desescombro del piso de Leganés, era que en los meses de enero y febrero, cuando estuvo viviendo en Villaverde Bajo, este siempre acudía los fines de semana a la mezquita y cuando llegaba, antes de rezar, tenía por costumbre coger el Corán para hacer un poco de lectura.

Mohamed LARBI BEN SELLAM fue detenido el 15 de junio de 2005, dentro de la denominada Operación Sello. Considerado pieza fundamental dentro del Movimiento Salafista de la Yihad Combatiente, empezó a ser controlado por la policía a finales de 2002. Dicha información fue facilitada a la policía por el confidente policial e imán de la mezquita de Villaverde, Abdelkader EL FARSSAOUI, alias Cartagena. Se cursaron dos órdenes de busca y captura contra este, en 2003 y 2004, aunque, finalmente, se consideró que estaba en paradero desconocido.

La denominada Operación Sello se realizó bajo la dirección del Juzgado Central de Instrucción número 6 de la Audiencia Nacional (juez Juan del Olmo) y se llevó a cabo en dos fases. La primera fase tuvo lugar el 15 de junio de 2005 y **estuvo dirigida a desmantelar las estructuras de apoyo a los terroristas huidos del 11-M.**

Policías adscritos a la Comisaría General de Información procedieron a la detención de cinco personas, por su vinculación con los atentados terroristas del 11 de marzo de 2004. Las detenciones se llevaron a cabo, tres en Barcelona y dos en Madrid. Entre los detenidos, se encontraban Mohamed LARBI BEN SELLAM y Mohamed EL IDRISSI. Finalmente, solo LARBI BEN SELLAM fue procesado por su vinculación con los atentados, condenado por un delito de pertenencia a banda armada, organización o grupo terrorista, a la pena de 12 años de prisión.

Sobre Mohamed LARBI BEN SELLAM existía ya una orden internacional de detención, interesada en el marco de la denominada Operación Nova, por el Juzgado Central de Instrucción número 5 (juez Baltasar Garzón), por su pertenencia a la célula liderada por Mustapha MAYMOUNI y Sarhane BEN ABDELMAJID FAKHET, alias "Sarhane El Tunecino", en el barrio de Villaverde de Madrid, y a la que también pertenecían, entre otros, Mohamed AFALAH y Allekema LAMARI. Este grupo estaba considerado como uno de los focos radicales que convergieron en la comisión de los atentados del 11-M, y la mayoría de sus miembros estaban o bien en prisión o bien muertos como parte de la célula que se suicidó en Leganés.

A Mohamed LARBI BEN SELLAM junto a Sarhane "El Tunecino" se les consideraba los enlaces entre ese grupo

y el liderado, en esas mismas fechas, por Rabei Osmán AL SAYED AHMED, alias "Mohamed El Egipcio" y que fue adoctrinado por los hermanos Mutaz y Mouhannad ALMALLAH DABAS.

Este último grupo se reunía en diferentes domicilios de Madrid, destacando las reuniones en el local sito en la calle Virgen del Coro de Madrid y que estaba formado por otros implicados en los atentados del 11 de marzo, tales como Basel GHALYOUN y Fouad EL MORABIT ANGHAR.

En cambio, la Audiencia Nacional, en la sentencia dictada el 31 de octubre de 2007, absolvió a Rabei Osmán EL SAYED AHMED, alias "Mohamed El Egipcio", de todos los delitos por los que venía acusado. Asimismo, el Tribunal Supremo, en la sentencia dictada el 17 de julio de 2008 ante el recurso de casación, absolvió a Basel GHALYOUN y Mouhannad ALMALLAH DABAS del delito de pertenencia a organización terrorista.

Por lo tanto, existen serias dudas sobre la afirmación que se hace en la denominada Operación Sello, al considerar a Mohamed LARBI BEN SELLAM, junto a Sarhane "El Tunecino"(uno de los suicidas del piso de Leganés), como los enlaces de ese grupo y el liderado por "Mohamed El Egipcio", que fue adoctrinado por los hermanos Mutaz y Mouhannad ALMALLAH DABAS.

Asimismo, considero una incongruencia la afirmación que se hace en los hechos probados de la sentencia, al decir que Mouhannad ALMALLAH DABAS y Basel GHALYOUN realizaban labores de captación y adoctrinamiento de futuros terroristas y de apoyo y asistencia a los que ya lo eran. Puesto que ambos fueron absueltos por el Tribunal

Supremo del delito de pertenencia a organización terrorista o de colaboración alguna con esta.

Por ello, existen serias dudas sobre la afirmación que se hace en los hechos probados de la sentencia, al decir que en el local de la calle Virgen del Coro, número 11 de Madrid, regentado por ALMALLAH DABAS y en el que vivían Basel GHALYOUN y Fouad EL MORABIT ANGHAR, se realizaran esas labores de captación y adoctrinamiento de futuros terroristas, así como se celebraran reuniones para acoger a musulmanes de paso, con la intención de captarlos.

Al afirmarse, igualmente, que estos tres procesados tenían una estrecha relación con el núcleo de la célula que se suicidó en Leganés. Teniendo en cuenta que el que regentaba dicho local, ALMALLAH DABAS, junto con uno de sus moradores, Basel GHALYOUN, resultaron absueltos del delito de pertenencia a organización terrorista o de colaboración alguna con esta. Con estas absoluciones, se pone en duda, por tanto, que dicha célula cuyos miembros se suicidaron en Leganés constituyera organización terrorista.

Fouad EL MORABIT ANGHAR fue condenado por el delito de pertenencia a banda armada, organización o grupo terrorista, a la pena de 12 años de prisión. En su declaración, ante las preguntas del Ministerio Fiscal y de las Acusaciones Particulares, manifestó lo siguiente:

- Que estuvo en Madrid de forma continuada, desde diciembre de 2003 hasta que se le detuvo.
- Que estuvo viviendo en la calle Virgen del Coro, número11, junto a Basel GHALYOUN y otros.
- Que Rifaat ANOUAR (uno de los suicidas del piso de Leganés) vivía en la calle Virgen del Coro, número11,

cuando este llegó en octubre de 2003. Pero, cuando más tarde, EL MORABIT ANGHAR regresó de Alemania, Rifaat ya no estaba. Basel le dijo que este había dejado definitivamente la casa y se había ido a vivir con los hermanos Oulad AKCHA (dos de los suicidas del piso de Leganés).

▪ Que Rifaat ANOUAR vivía con los hermanos Oulad AKCHA desde diciembre de 2003 y, a lo largo de todo ese tiempo, les había visitado en 4 o 5 ocasiones y fue entonces cuando recogió gran parte de sus pertenencias.

▪ **Que conocieron a Mohamed AFALAH, el cual tenía una pequeña empresa de trabajos de albañilería, reformas y construcción. AFALAH trabajaba para grandes empresas. Como en esas fechas no había suficiente mano de obra, se ponían anuncios incluso en las mezquitas, buscando peones y oficiales de albañilería.**

▪ Aseguró que, desde diciembre de 2003 hasta su detención, estuvo de forma continuada en el local de la calle Virgen del Coro y allí nunca se celebraron reuniones.

▪ **Que dicho local era una vivienda con cuatro dormitorios y una cocina. El espacio de la cocina ejercía como de corredor de entrada y salida de la casa. No había ningún salón o sala. No se podía hacer ninguna reunión allí. Ni siquiera había material para visionar o para hacer esas cosas. No había video, no había nada allí.**

▪ Que Mouhannad ALMALLAH DABAS era el dueño de la casa en la calle Virgen del Coro. Era el que le arrendaba la habitación. La relación con él llegó a ser de amistad. A su hija le daba clases de árabe y le invitó a su casa algunas veces.

▪ Que tenía cinco tarjetas porque resultaba más barato comprar una tarjeta de prepago, que en muchos sitios se vendían a 9 euros con una recarga de 24 euros y, en cambio, si hacía una recarga de 10 euros, le recargaban los 10 euros.

▪ Que cuando Rifaat ANOUAR fue a la calle Virgen del Coro para dormir la tarde-noche del 11 de marzo de 2004, este le dijo que se había enterado de los atentados en el trabajo, y lo que se decía en los medios de comunicación era que podía tratarse de ETA. Todo el mundo hablaba de eso. Rifaat venía de una obra en Griñón. Era oficial de Pladur.

- Manifestó que su padre era notario y, por tanto, la economía de su familia era con creces, lo suficientemente solvente como para pagar su formación. Declaró que hablaba a la perfección el árabe, el berebere, el castellano, el inglés, el francés y un poco de alemán.
- Por último, declaró que Ahmed NABULSI lo conoció cuando regresó de Marruecos en diciembre de 2003. Este ya estaba en la calle Virgen del Coro como inquilino. Estaba junto con Mohamed TAILOUNI, y parece ser que vinieron desde Italia para montar un negocio de reparación de aparatos informáticos. No tuvo una relación profunda con él porque se aislaba mucho. Pasaba mucho tiempo en la mezquita de la M-30.

En lo concerniente a Saed EL HARRAK, los hechos probados de la sentencia lo consideraron miembro de la célula que se suicidó en Leganés el 3 de abril de 2004. Había mantenido intenso contacto personal y telefónico con otros integrantes del grupo, en especial con Abdennabi KOUNJAA, del que era depositario de su testamento o carta de despedida. Este documento fue hallado dentro de una bolsa de deportes que EL HARRAK tenía en la taquilla de su lugar de trabajo, la empresa Encofrados Román. En dicho testamento, manuscrito en árabe y compuesto por tres papeles metidos en un sobre blanco, había nueve huellas de KOUNJAA.

Saed EL HARRAK fue detenido en Parla el 8 de mayo de 2004, después de que su número de teléfono fuera encontrado entre los restos del piso de Leganés.

La bolsa, que supuestamente contenía la principal prueba contra Saed EL HARRAK, la entregó a la policía el dueño de la empresa de encofrados en la que trabajaba el procesado por el 11-M. Lo hizo después de que trascendiera que había sido detenido en mayo de 2004, por su implicación en la masacre.

El primero en revisar esa bolsa fue el jefe de Saed EL HARRAK. Después, hicieron lo mismo los agentes que la recibieron y también los expertos de la Policía Científica. Encontraron un CD, 26 cintas magnetofónicas y bastante ropa. **Pero no vieron carta alguna. Así consta en el escrito con la relación de objetos que tuvo que firmar el empresario, en el listado confeccionado por la Policía Científica de Leganés y, en el oficio, con una nueva relación que envió el Comisario de Leganés, junto con los objetos encontrados, a la Comisaría Central de la Policía Científica en Canillas.**

Dos semanas después, una vez que dicha bolsa se encontraba en las dependencias policiales de Canillas, sede de la Comisaría General de Información, en su interior aparece un sobre con una carta manuscrita en árabe. Más tarde, fue atribuida a Abdennabi KOUNJAA, uno de los siete terroristas suicidas de Leganés.

En su declaración, ante las preguntas del Ministerio Fiscal y de las Acusaciones Particulares, Saed EL HARRAK manifestó lo siguiente:

- Que cuando fue detenido, él estaba trabajando en la empresa Encofrados Román en Alcorcón, última empresa en la que había trabajado en España.
- Que la bolsa con su ropa de trabajo, él normalmente no la llevaba a la taquilla de su empresa porque tenían

bastantes obras. En aquel tiempo, concretamente, tenían cuatro.

▪ Reconoció que, habitualmente, tenía contacto telefónico con Abdennabi KOUNJAA y que le había dejado a este su teléfono varias veces para llamar a los hermanos OULAD AKCHA y a Rifaat ANOUAR.

▪ Que conocía a Abdennabi KOUNJAA desde 2002. La última vez que lo vio fue un día antes de los atentados por la noche, cuando este fue a su casa para entregarle una caja de herramientas que el declarante le había prestado. Ese 10 de marzo de 2004, este no le entregó ninguna carta de despedida, ni tampoco ningún otro día.

▪ Que él en ningún momento había leído la citada carta aparecida en la bolsa. De haberla visto, se la habría entregado a la familia de este o la habría quemado.

▪ En lo referido a la documentación del vehículo Ford Escort, matrícula M-3384-KT, propiedad de Saed EL HARRAK, aparecida en el desescombro de Leganés, este manifestó que le compró el coche a Abdennabi KOUNJAA, pero que la titular era la mujer de su hermano. El último año de impuestos no estaba pagado, por lo que no podía hacer la transferencia y por eso le entregó la copia de los papeles a Abdennabi.

En cuanto a la declaración de Félix ROMÁN HIDALGO, dueño de la empresa de encofrados en la que trabajaba Saed EL HARRAK, como la persona que primeramente revisó la bolsa y, posteriormente se la entregó a la policía, ante las preguntas del Ministerio Fiscal y de las Acusaciones Particulares, este manifestó lo siguiente:

▪ Que la bolsa con los efectos de Saed EL HARRAK estaba en la obra de Alcorcón y, al no presentarse ese día en el trabajo, la cogió y la metió en su furgoneta, llevándosela al vestuario de la obra que tenían en el Polígono de Las Lagunas de Leganés.

- Que el encargado de la constructora y él abrieron la bolsa y sacaron un jersey y un pantalón, y vieron que había un montón de cintas y un disquete. Entonces, la cerraron y llamaron a la Policía.

- Que no vio ningún sobre en la bolsa porque simplemente quitaron una prenda de encima y, cuando vieron las cintas, no quisieron tocar nada más y llamaron a la Policía.

- Que la Policía llegó y se hizo cargo de la bolsa. Era una bolsa de costado.

- **Que mientras la Policía le hacía el justificante de lo que él les había entregado, ellos estaban revisando, sacando las cosas de la bolsa y diciendo lo que había en esta. Pero él, entonces, no vio ni escuchó que hubiera carta alguna.**

- **Que, en aquel momento, la Policía tampoco examinó minuciosamente el contenido de la bolsa, pero luego lo hicieron en la Comisaría, donde, momentos más tarde, cuando a él lo llamaron, se presentó en esta, haciéndole entrega de un justificante de lo que este les había entregado, en el que no se hacía mención a carta alguna.**

- Por último, declaró que, el 11 de marzo de 2004, Saed EL HARRAK montó en un coche con su hijo sobre las 6:30 para ir a trabajar a un pueblo llamado Pedrezuela y regresó a Madrid sobre las 19:00.

Por su parte, referente a la entrega de esa bolsa, en la declaración del policía nacional con TIP 26 219, este, ante las preguntas del Ministerio Fiscal y de las Acusaciones Particulares, manifestó lo siguiente:

- Que el 11 de mayo de 2004 acudió al polígono de la Laguna para recoger una bolsa con unos efectos.

- **Que cuando el encargado de la obra les entregó la bolsa, miraron exteriormente su contenido y la entregaron en la oficina de denuncias de la Comisaría de Leganés. Solo fue una visualización externa de la bolsa. No hicieron ninguna revisión minuciosa. Miraron un poco por encima la ropa que tenía, pero no se hizo ninguna inspección de la bolsa. Que les dieron ropa de trabajo y cintas de casete, pero que no recordaba nada más.**

De lo expuesto sobre este hecho, por una parte, el dueño de la empresa Félix ROMÁN HIDALGO manifestó que, junto con su encargado, antes de llegar la Policía, abrió la bolsa y sacaron un jersey y un pantalón, y observaron numerosas cintas y un disquete, por lo que cerraron la bolsa y decidieron llamar a la Policía. Una vez que estos se personaron en el lugar, **mientras la Policía le hacía el justificante de lo que este les había entregado, ellos (la Policía) estaban revisando, sacando las cosas de la bolsa y diciendo lo que había en esta.** En ese momento, Félix no vio ni escuchó que hubiera carta alguna en el interior de la bolsa. Además, cuando los funcionarios policiales se llevaron la bolsa a la comisaría y se llamó a Félix para hacerle entrega de un justificante, en el que se relacionaban los objetos contenidos en esta, tampoco se hacía mención a carta alguna.

Por su parte, el funcionario policial número 26 219 manifestó que, cuando el encargado de la obra les entregó la bolsa, solo hicieron una visualización externa de esta. Ellos miraron un poco por encima lo que contenía, pero no hicieron una revisión minuciosa de los efectos. **Asimismo, no hizo mención alguna del justificante que, según Félix ROMÁN HIDALGO, la Policía hizo mientras revisaban su contenido, sacando las cosas de la bolsa y diciendo lo que había en su interior.**

Saed EL HARRAK fue condenado por la Audiencia Nacional por el delito de pertenencia a banda armada, organización o grupo terrorista a la pena de 12 años de prisión.

Según los hechos probados de la sentencia, Mohamed BOUHARRAT era miembro del grupo yihadista, realizando las labores de captación y recopilación de información, sobre posibles objetivos para los ataques violentos, información que ponía a disposición de la célula.

En el desescombro de Leganés, se encontró, en relación con el procesado, un papel manuscrito por este, varias fotografías tamaño carné y una huella dactilar del procesado, asentada en un libro escrito en árabe.

BOUHARRAT usaba un Renault 19, matrícula M-0136-OV, que fue comprado por Mohamed AFALAH el 2 de abril de 2004, careciendo este de permiso de conducir, a nombre y con documentación del procesado Abdelmajid BOUCHAR.

En su declaración, ante las preguntas del Ministerio Fiscal y de las Acusaciones Particulares, BOUHARRAT manifestó lo siguiente:

- Que cuando le detuvieron, dormía en un hostal al lado de la Comisaría de Fuenlabrada, a unos 50 metros.
- Que el vehículo Renault 19, matrícula M-0136-OV, lo obtuvo a cambio de un dinero que le debía un tal Abderraman, súbdito argelino que lo conoció en 2000 o 2001.
- Recordaba que cogió dicho vehículo el 4 de abril del 2004. En su primera declaración, dijo que lo tenía una semana antes de la explosión del piso de Leganés porque recibió golpes y amenazas por parte de la Policía.

- **Abderraman le dijo que iba a encontrar un papel en el coche y que, si le cogía la Policía, tenía que decir que el dueño del coche era el que ponía en el papel, Abdelmajid BOUCHAR y no él.** La Policía, con amenazas y golpes, le dijo que tenía que declarar que el dueño del coche era BOUCHAR.

- **Que conoció a Mohamed AFALAH en el verano de 2003. Este buscaba albañiles y oficiales de obra, y a BOUHARRAT le interesaba el trabajo porque no tenía papeles en esos momentos y fue cuando lo conoció.**

- **A Said BERRAJ se lo trajeron como ayudante, cuando él estaba trabajando en la empresa como oficial de obra.** La primera vez que lo cambiaron, estando trabajando, fue para ir una mañana a echar yeso a la cadena de televisión Telecinco. Al llegar allí, vio a Abdelmajid BOUCHAR trabajando ese día. Pero no lo conocía de nada, ni tenía amistad con él. Nunca había hablado con este.

- Supo que el Renault 19 había sido comprado por Mohamed AFALAH, estando ya en la cárcel.

- Que cuando se le mostraron las fotografías suyas encontradas en el piso de Leganés, las cuales hasta ese momento no le habían sido mostradas, manifestó que esas fotos se las había hecho un mes antes de la explosión en el piso. Él pensaba que se trataba de unas fotografías que se había hecho el día anterior o el mismo día, y esas otras fotos, en cambio, se las hizo la primera semana de marzo.

- Que esas fotografías, este las llevaba en su equipaje, concretamente en una mochila para llevar las cosas. Las fotos se quedaron en la mochila, en el coche de Abderraman, tras desplazarse con este por un asunto de papeles para estar con un abogado. Fue, entonces, cuando vio a

Jamal AHMIDAN hablando con Abderraman. Esto sucedió días antes de la explosión en el piso de Leganés. Fueron de Fuenlabrada a Villaverde y allí fue donde vio a Jamal AHMIDAN vivo. El vehículo era un Citroën C-3 de color azul. Que la última vez que vio a Mohamed AFALAH fue en enero o febrero de 2004.

- Abderraman le ofreció hacer un viaje para transportar droga y al parecer estaba detrás Jamal AHMIDAN. Eran drogas, no explosivos. Pero él finalmente no hizo el viaje.

- Que las dos detenciones que le constaban fueron, la primera, el 23 de febrero de 2000, por un delito contra la salud pública y estancia ilegal y, respecto a la segunda detención sufrida el 8 de noviembre de 2001, por un delito de lesiones y robo con violencia e intimidación, posteriormente, las pruebas de ADN pertenecían a otro individuo y salió en libertad.

Finalmente, Mohamed BOUHARRAT fue condenado por la Audiencia Nacional como autor de un delito de pertenencia a banda armada, organización o grupo terrorista a la pena de 12 años de prisión.

Hasta aquí, es todo lo concerniente a las contradicciones en los hechos probados de la sentencia 65/2007 de 31 de octubre, dictada por la Audiencia Nacional. A continuación, describo información que considero de interés, publicada en diversos medios de comunicación, relacionada con los atentados del 11 de marzo de 2004.

Información de interés

A) Respecto a Mohamed BELHADJ, que fue quien alquiló el piso de Leganés para la célula terrorista, siguiendo las instrucciones de Mohamed AFALAH, en un principio, la Policía le daba por muerto en un atentado suicida en Irak, junto a Mohamed AFALAH, pero resultó que estaba vivo en Siria.

A principios del mes de mayo de 2009, Mohamed BELHADJ fue entregado a las autoridades marroquíes y, el 20 de mayo de ese mismo año, un juez de instrucción antiterrorista de la localidad de Salé dictó su ingreso en prisión, en virtud de la orden internacional de busca y captura emitida por la Audiencia Nacional.

Su ADN fue localizado en la finca de Morata de Tajuña, donde supuestamente se montaron las bombas. Apareció en varias prendas de ropa, una toalla, una funda de almohada y maquinillas de afeitar, lo que apunta a que su paso por la casa no fue ocasional.

En la improvisada fuga en coche, la noche del 3 de abril de 2004, horas después de la explosión del piso de Leganés, a Mohamed BELHADJ le acompañó otro de los huidos del atentado, Mohamed AFALAH. Ambos se dirigieron a Barcelona, donde se tiene constancia de que sacaron dinero en un cajero automático.

La policía española mantenía como tesis más probable que ambos hubieran conseguido llegar a Irak, donde habrían muerto, probablemente en una acción suicida.

Mohamed BELHADJ fue juzgado en Marruecos por su relación con los atentados de Madrid, dado que Rabat no extradita a sus nacionales.

La Fiscalía había pedido una pena de 20 años de prisión, al considerar que los cargos que pesaban contra él habían sido debidamente probados, incluyendo la propia confesión del acusado. **Finalmente, el 28 de febrero de 2010, un tribunal marroquí condenó a 8 años de prisión a Mohamed BELHADJ, por su implicación en actos terroristas.**

En un oficio de la UCIE, remitido al juez Juan del Olmo, con fecha 10 de junio de 2005, y que figuraba incluido en el sumario del 11-M, decía lo siguiente:

En el marco del citado sumario 20/2004, de ese Juzgado Central de Instrucción, abierto a raíz de los atentados terroristas del pasado 11 de marzo de 2004 en Madrid, y dentro de la consecuente investigación llevada a cabo por esa unidad, centrada en la localización de aquellos individuos huidos y reclamados judicialmente, como presuntos autores de tales hechos, **se ha llegado a conocer el hecho de la probable muerte de uno de ellos, Mohamed AFALAH, seguramente acompañado por Mohamed BELHADJ, en algún tipo de acción violenta, al parecer de carácter suicida en Irak.**

B) Por su parte, respecto a Mohamed AFALAH, en la sentencia del 11-M, se afirmaba que este llamó a su familia desde Irak, los días 17 de marzo, 30 de abril y 12 de mayo de 2005, para despedirse de ellos antes de inmolarse en un atentado suicida. Sin embargo, en la sentencia de la denominada Operación Tigris, se desvela, basándose en informes policiales no incorporados al sumario del 11-M, que **Mohamed AFALAH fue detenido por la policía turca el 14 de junio de 2004 e internado en un centro de detención de extranjeros con vistas a su expulsión, donde permaneció varios meses, hasta que consiguió huir el 28 de marzo de 2005. En consecuencia, es imposible que Mohamed AFALAH llamara a su familia desde Irak, para intentar despedirse el 17 de marzo de 2005, puesto que en esa fecha estaba todavía detenido en Turquía.**

Mohamed AFALAH fue detenido en Turquía el 14 de junio de 2004, portando un pasaporte español falsificado a nombre de **Tarek HAMED HAMU.** Las autoridades turcas comunicaron ese mismo día la detención al Consulado General de España en Estambul, solicitando permiso para repatriar a España al detenido, puesto que tenía pasaporte español. El Consulado General de España en Estambul informó a la embajada de España en Ankara, quien a su vez solicitó del Ministerio de Asuntos Exteriores y Cooperación que se confirmara la validez del pasaporte español.

Las autoridades turcas enviaron a España toda la documentación necesaria. Tanto el pasaporte con la fotografía como las huellas dactilares del detenido estuvieron a disposición de la policía española desde el 11 de agosto de 2004, a pesar de lo cual, nadie reclamó nunca a Mohamed AFALAH desde España. Finalmente, y tras permanecer diez meses en prisión, Mohamed AFALAH, el 28 de marzo de 2005 se fugaba del Centro de Internamiento.

En el marco de la denominada Operación Tigris, llevada a cabo en junio de 2005 y dirigida por el Juzgado Central de

Instrucción número 5 de la Audiencia Nacional (juez Baltasar Garzón), las investigaciones iniciadas en marzo de 2004 permitieron conocer la implantación en diferentes ciudades españolas de una serie de musulmanes radicalizados que constituían una red islamista de apoyo a la causa iraquí, de ideología yihadista, con conexiones en diferentes países de Oriente próximo, Magreb y Reino Unido.

Prácticamente, todos los detenidos eran delincuentes comunes y estaban acusados de tráfico de estupefacientes, falsificación documental o robos con violencia e intimidación. Con estas acciones delictivas, supuestamente obtenían los fondos necesarios para el mantenimiento de las actividades de la red islamista.

La sección segunda de la Sala de lo Penal de la Audiencia Nacional decretó la absolución de 10 de los 14 acusados por su integración en una célula islamista con base en Santa Coloma de Gramanet, desarticulada en la citada Operación Tigris y que, supuestamente, habría ayudado a huir a algunos de los autores de los atentados del 11-M.

Una de las detenciones se produjo en el Centro Penitenciario de Botafuego, en Algeciras, con el arresto de **Tarek HAMED HAMU**, de 27 años, donde permanecía interno tras su detención el 2 de abril de 2005 en Ceuta, en una operación contra el tráfico de estupefacientes. **Supuestamente, falsificaba la documentación para el desplazamiento de los muyahidines hasta Irak. Era sospechoso de pertenecer a la organización terrorista marroquí Salafía Yihadía y, al parecer, había realizado los rituales previos de aceptación del martirio, en una acción a favor de la sagrada Yihad.**

En los hechos probados de la sentencia en la Operación Tigris, Tarek HAMED HAMU le entregó a Ouali FILALI, a cambio de una cantidad de dinero, un pasaporte que era de su titularidad, cuya desaparición había denunciado ante la Policía tiempo antes, pero al que conservó en su poder con la intención de su posterior venta, como soporte apto para la confección de un pasaporte falso. **Persona no determinada cambió la fotografía auténtica de Tarek HAMED HAMU por la de Mohamed AFALAH.**

Con fecha 11 de marzo de 2004, por la UCIE se solicitó al juzgado el seguimiento telefónico de varios números de teléfono, por la posible relación de sus usuarios con la organización terrorista Ansar Al Islam, dedicada a la comisión de acciones terroristas contra los intereses de las fuerzas de la coalición fuera de Irak, y sobre la que existirían indicios de estar planeando la comisión de atentados terroristas en España, y se accedió a la intervención telefónica solicitada.

Desde finales de 2003 y hasta mediados de 2005, se llevaron a cabo por la policía española, en colaboración con otras policías y servicios de información de varios países, investigaciones y vigilancias en torno a la posible existencia en España de miembros integrantes en una presunta trama o red internacional de contactos entre personas pertenecientes a la religión musulmana, en su vertiente más radical, cuyas acciones irían directamente encaminadas desde el adoctrinamiento, la recluta, como también la posterior ayuda material y logística, de otras personas dispuestas a unirse como soldados combatientes por el islam o muyahidines, a un grupo internacionalmente considerado como terrorista, denominado Ansar Al Islam, con la finalidad de cometer atentados terroristas en Irak.

La información descrita con anterioridad está contenida en la Sentencia 31/2009, con fecha 30 de abril de ese mismo año, dictada por la sección segunda de la Sala de lo Penal de la

Audiencia Nacional, en el marco de la denominada Operación Tigris, desarrollada el 15 de junio de 2005.

Finalmente, de las 14 personas que fueron procesadas, solamente dos de ellas resultaron condenadas por el delito de pertenencia a organización terrorista en grado de integrantes, y una tercera, por el delito de colaboración con organización terrorista.

Tarek HAMED HAMU, según los hechos probados de dicha sentencia, era sospechoso de pertenecer a la organización terrorista marroquí Salafía Yihadía, que falsificaba la documentación para el desplazamiento de los muyahidines hasta Irak. Además, se afirmaba que había sido reclutado por la organización terrorista, realizando, aparentemente, los rituales previos de aceptación del martirio, en una acción a favor de la Sagrada Yihad. En cambio, resultó condenado como autor de un delito de falsedad en documento oficial, COMETIDO POR PARTICULAR, sin relación alguna con organización terrorista.

Por lo tanto, de los 14 procesados, finalmente, solo tres resultaron condenados por su relación con organización terrorista, Tarek HAMED HAMU, como autor de un delito de falsedad en documento oficial, pero cometido por particular y los otros 10 resultaron absueltos.

C) Said BERRAJ, una de las personas acusadas de ser uno de los autores materiales de los atentados del 11-M, y sobre el que figuraba una orden internacional de busca y captura, **trabajó como vigilante de seguridad para la empresa de un ex comisario de policía.**

Mohamed AFALAH y Said BERRAJ trabajaron para la policía y el CNI antes del 11 de marzo de 2004. Los dos marroquíes eran los hombres de confianza del jefe militar y del ideólogo de los atentados y hacían de conductor y de mensajero. Son dos de los principales miembros de la célula terrorista islamista que atentó el 11 de marzo de 2004. En la actualidad, están en paradero desconocido.

AFALAH y BERRAJ, también conocidos en los ambientes policiales y de los servicios secretos, como El Chofer y El Mensajero, eran hombres de la total confianza de Allekema LAMARI, jefe militar del comando terrorista y de Serhane Ben ABDELMAJID FAKHET, El Tunecino, ideólogo del grupo islamista.

Mohamed AFALAH, experto conductor, se convirtió en el escolta y chofer de Lamari y era la persona que sabía con total exactitud con quién y a dónde viajaba el jefe militar del 11-M.

Said BERRAJ era conocido como El Mensajero porque solía moverse por Madrid en moto y, durante un tiempo, hizo de hombre de los recados de El Tunecino. Lamari y El Tunecino eran dos de los siete islamistas radicales que se suicidaron en el piso de Leganés, el 3 de abril de 2004.

Los elementos que señalan a esos dos marroquíes como colaboradores directos de los servicios policiales y de información españoles se centran, principalmente, en la denuncia que realizó el día 1 de diciembre de 2007, en la Audiencia Nacional, el también marroquí Abdelkader EL FARSSAOUI, alias Cartagena, confidente de la UCIE, y en una serie de encuentros que tuvo uno de los topos con agentes policiales, antes de los atentados del 11 de marzo de 2004.

Cartagena, que obtuvo la calificación de testigo protegido y que también colaboró con el CNI, denunció el 1 de diciembre de 2007 en la Audiencia Nacional, que entre otras cuestiones, la Policía le prohibió mencionar al juez la relación ETA–islamistas y que la Operación Nova, llevada a cabo a partir del 14 de septiembre de 2004, gracias a las confidencias de este, fue un montaje de la policía.

El confidente Cartagena descubrió en su denuncia ante la Audiencia Nacional que Mohamed AFALAH sí asistió a las reuniones de los dirigentes islamistas. Sin embargo, el imán de la mezquita de Villaverde, siguiendo las instrucciones policiales, nunca reflejó ni recogió en las notas informativas de la UCIE que AFALAH fuera uno más dentro de la estructura del grupo de "El Tunecino".

Tampoco aparece ninguna alusión de Cartagena a AFALAH en la declaración policial que realizó el 14 de septiembre de 2003, ni en las judiciales que prestó ante el Juzgado Central de Instrucción número cinco de la Audiencia Nacional, con motivo de la Operación Nova.

Con respecto a Said BERRAJ, El Mensajero, este tuvo más de una reunión con agentes de la UCIE, bastante antes de los atentados del 11-M. El lugar exacto donde se produjeron esas reuniones fue en una cafetería Vip's de Madrid que está situada en la calle Príncipe de Vergara, cerca de la plaza República Dominicana y junto a la boca del metro de Colombia. A esas reuniones policiales, que se produjeron durante 2003, El Mensajero siempre asistía en moto y, hasta que no estaba en la puerta de la cafetería, no se quitaba el casco de protección.

La Policía anuló un registro de la casa del confidente Said BERRAJ después del 11-M. El 14 de marzo de 2004, la UCIE solicitó al magistrado Juan del Olmo una orden de entrada y registro contra dos de los presuntos autores de la masacre, Mohamed HADDAD y Said BERRAJ. Una de esas solicitudes, la de Mohamed HADDAD, se llevó a cabo casi de forma inmediata. **La segunda, la de Said BERRAJ, fue anulada de forma sorprendente por la propia UCIE 24 horas más tarde.**

La solicitud de entrada y registro en el domicilio de Said BERRAJ y Mohamed HADDAD estaba firmada por el jefe de la UCIE, el comisario Mariano RAYÓN y fechada el 14 de marzo de 2004. Ese mismo día, el juez Juan del Olmo, instructor del sumario del 11-M, solicitó a la UCIE que razonara y justificara su petición. **Veinticuatro horas más tarde, el 15 de marzo de 2004, la UCIE justificaba su petición sobre Mohamed HADDAD, con toda una serie de detalles sobre su posible participación en los hechos y, sorprendentemente, solicitaba en el mismo escrito que se anulara la petición sobre el marroquí Said BERRAJ. Por lo tanto, con respecto a este último, se dejó sin efecto la solicitud de mandamiento de entrada y registro, y se continuaron otras líneas de investigación.**

La petición de anulación sobre la entrada y registro en la residencia de Said BERRAJ ya no iba firmada por Mariano RAYÓN, sino que lo hacía el comisario Rafael GÓMEZ MENOR. Se da la circunstancia de que el marroquí Said BERRAJ abandonó España 24 horas más tarde de la petición de anulación de entrada y registro en su domicilio.

En su declaración en el juicio sobre el 11-M, el comisario Rafael GÓMEZ MENOR, ante las preguntas del Ministerio Fiscal y de las Acusaciones Particulares, manifestó lo siguiente:

- Que su graduación el 3 de abril de 2004 era Comisario, destinado en la Comisaría Provincial de Burgos pero, momentáneamente, se encontraba en comisión de servicio en la UCIE, de donde había salido unos meses antes.

- Que él mismo fue quien descubrió el piso de Leganés y, anteriormente, la finca de Morata de Tajuña.

- Que su jefe directo era el jefe de la UCIE, Mariano RAYÓN.

- **Afirmó que, efectivamente, pidieron la orden de registro del piso de Said BERRAJ porque era una de las personas que sabían que había estado vinculado a Jamal ZOUGAM. Pero lo dejaron sin efecto porque pensaron que podían seguir otra línea de investigación.**

- **Que durante su labor en la UCIE como jefe de sección nunca salió en una investigación el nombre de Jamal AHMIDAN.**

D) Se da la circunstancia de que cuatro de los procesados que resultaron condenados como autores de un delito de pertenencia a banda armada, organización o grupo terrorista a la pena de 12 años de prisión, Abdelmajid BOUCHAR, Mohamed LARBI BEN SELLAM, Fouad EL MORABIT ANGHAR y Mohamed BOUHARRAT, **todos ellos, habían trabajado para Mohamed AFALAH, el cual tenía una pequeña empresa de construcción y reformas, cuyo ayudante era Said BERRAJ**. También, cabe recordar que los objetos pertenecientes a ellos, los cuales aparecieron en el desescombro de Leganés, eran todos objetos fácilmente transportables.

Asimismo, todos ellos rezaban en la mezquita de Villaverde en Leganés, donde el imán era Abdelkader EL FARSSAOUI, conocido como Cartagena, confidente de la UCIE que obtuvo la calificación de testigo protegido. En las declaraciones de los cuatro procesados mencionados con anterioridad, estos manifestaron que solían acudir a la mezquita, sobre todo los fines de semana y, antes de rezar, tenían por costumbre coger algunos de los libros religiosos para hacer una lectura breve de estos. En el desescombro de Leganés, aparecieron también huellas dactilares de estos procesados en libros islamistas de contenido religioso.

E) La denominada Operación Nova permitió desarticular, en octubre de 2004, gracias a las confidencias de Abdelkader EL FARSSAOUI, conocido como Cartagena, una célula islamista que planeaba atentar con un camión de explosivos contra la Audiencia Nacional, aunque el testigo protegido se ha desdicho en varias ocasiones de algunas de sus confidencias.

Esta operación policial se precipitó a partir del 14 de septiembre de 2004, cuando el testigo protegido conocido como Cartagena reveló a la Comisaría General de Información de la Policía Nacional los detalles de un futuro atentado terrorista en Madrid, momento en que la investigación pasó al juez de la Audiencia Nacional, Baltasar Garzón.

Garzón destacaba en el auto en el que decretaba su ingreso en prisión que los detenidos, bajo la dirección de Mohamed ACHRAF, entre finales de 2001 y principios de 2002, constituyeron un grupo terrorista organizado y estructurado, de tendencia radical salafista, que defiende la práctica de la yihad y con intención de ponerla en práctica en España, a través de acciones violentas, como la proyectada contra el edificio de la Audiencia Nacional y las personas que hubiera en su interior, objetivo elegido por el emir, al que habrían manifestado su intención de convertirse en mártires del islam, en el momento que fueran requeridos para ello, varios de los componentes del grupo autodenominado Mártires por Marruecos.

El auto de Garzón destacaba asimismo la fusión entre el grupo de ACHRAF con los condenados por su pertenencia al

Grupo Islámico Armado (GIA). Simultáneamente a esta labor de captación de ACHRAF, otros miembros del GIA que cumplían sentencia firme por pertenencia a banda armada, realizaban una labor similar de proselitismo y captación de personas, presos por delitos comunes, consiguiendo junto con el emir, la adhesión a la causa terrorista de otras personas.

Las investigaciones que permitieron llevar a cabo la Operación Nova se remontan al verano de 2004. El grupo desmantelado estaba compuesto por musulmanes residentes en España, con antecedentes por la comisión de delitos comunes. Algunos de ellos pudieron entrar en contacto mientras cumplían condenas en diferentes centros penitenciarios.

ACHRAF fue condenado a la máxima pena impuesta por el Tribunal, 14 años de prisión, al ser considerado el emir de la célula terrorista que él mismo creó en la cárcel de Topas (Salamanca), para adoctrinar en el yihadismo a otros presos con los que planeó ataques suicidas y mantener contactos por carta con otros reclusos de cárceles de Málaga, Almería y Valencia, donde se crearon otros grupos.

El Tribunal consideró inexistente el delito de conspiración, a pesar de que quedó acreditado que ACHRAF planeaba ese atentado e hizo gestiones para obtener los explosivos. La Sala consideró que ese plan y esas gestiones no eran constitutivos de un delito de conspiración porque se trataba de una iniciativa individual por desarrollar y, para resultar una conspiración, necesita ser compartida por otras voluntades, lo que no se consideró probado.

La Sala de lo Penal del Juzgado Central de Instrucción número cinco de la Audiencia Nacional (juez Baltasar

Garzón) condenó a penas de entre 5 y 14 años de prisión a 20 de los 30 procesados en la Operación Nova.

Los condenados recurrieron la sentencia ante el Tribunal Supremo que, el 7 de octubre de 2008, acordó ABSOLVER a 15 de los 20 condenados del delito de pertenencia a grupo terrorista, por el que la Audiencia Nacional les castigaba con penas de entre 5 y 14 años de prisión. Por lo tanto, de un total de 30 procesados, finalmente 25 resultaron absueltos de los delitos por los que se les acusaba y solo cinco fueron condenados por su relación con el delito de pertenencia a organización o grupo terrorista.

F) En el sumario del 11-M aparece un informe de la UCIE donde se indica que Mohamed HADDAD, según informaciones del vecino del marroquí, fue visto abandonando su domicilio con una maleta el 12 de marzo de 2004 e introduciéndose en un vehículo de la marca Mercedes, conducido por otro árabe.

HADDAD residió en España de forma continuada durante 14 años hasta enero de 2004 y, en aquellos momentos, tenía una tarjeta de residencia permanente en España, con fecha de caducidad el 18 de febrero de 2006.

A pesar de que la UCIE lo vinculaba con los atentados del 11-M y de los múltiples indicios que lo relacionaban con la matanza, HADDAD nunca llegó a declarar ante la Policía española ni a estar imputado por el juez Juan del Olmo que, sin embargo, ordenó registrar su casa y reclamó su ADN a Marruecos. No se ordenó nunca la detención de este, y los dos testigos que dijeron reconocerle en Atocha se retractaron. Pero, para la prensa, Mohamed HADDAD era un terrorista fugado, error que entonces nadie aclaró.

Mohamed HADDAD, según denuncias interpuestas en su momento por organizaciones de derechos humanos marroquíes, familiares y conocidos de este, fue secuestrado por la policía secreta marroquí (DST) el 17 de marzo de 2004. Inicialmente, la administración marroquí negó el secuestro. Después de 45 días de angustia y de incertidumbre, este reapareció tras ser abandonado por la DST marroquí en la estación de autobuses de Rabat. Las organizaciones de derechos humanos marroquíes, familiares y conocidos comprobaron la tortura psicológica sufrida por este, que dio lugar a secuelas físicas con una pérdida de 20 kg de peso entre otras. **Al soltarle, no le devolvieron el pasaporte.**

La policía marroquí le dejó en libertad después de que este alegase que la víspera del 11 de marzo de 2004 no estaba en Madrid, sino viendo un partido de fútbol en Tetuán. **Más de 30 personas declararon que Mohamed HADDAD estaba el 10 de marzo de 2004, un día antes de los atentados, en un bar de Tetuán, viendo el partido de fútbol Real Madrid–Bayern de Munich. A la mañana siguiente, un tendero le reclamó que entrara y viera la tragedia en la televisión. Entonces, este llamó a sus hermanos para ver si estaban bien.**

Los amigos y el entrenador de su equipo corroboraron que los días previos y posteriores a los atentados, este estuvo con ellos. Mohamed HADDAD estaba en Marruecos desde el 31 de enero de 2004.

Un mes antes de la liberación de HADDAD, los generales marroquíes Ahmed HARARI, jefe de la DST y Hamidu LAANIGRI, director de la Seguridad Nacional, se entrevistaron en Madrid con los mandos de la Policía española para ahondar en su colaboración sobre el 11-M.

Una ayuda por la que fueron condecorados en 2005 por el Consejo de Ministros español.

HADDAD reconoció que aquel grupo de islamistas eran fanáticos, aunque excluía a Jamal ZOUGAM, su amigo de discoteca, salvo que se hubiera convertido, y a Jamal AHMI-DAN, alias *El Chino*, al que conocía de vista y nunca antes vio en una mezquita. Decía de este último que era un matón al que todo el barrio temía.

Mohamed HADDAD comunicó al juez Juan del Olmo su disposición para colaborar en aclarar los hechos y demostrar su inocencia. En esos momentos, tenía una tarjeta de residencia permanente en España, con fecha de caducidad el 18 de febrero de 2006. El Consulado le denegó el visado para viajar a España a reunirse con su familia en septiembre de 2006. La reaparición de los servicios secretos marroquíes en su vida fue la gota que colmó el vaso. Por ello, el 15 de junio de 2009, solicitó asilo político en España. Este le fue denegado, así como la protección internacional, el 2 de diciembre de 2009. Asimismo, se le comunicó que debía abandonar el país en 15 días.

Puesto que la resolución de salida obligatoria no contemplaba la relevancia de la situación familiar del compareciente y, además, la ejecución de su devolución supondría poner en peligro su integridad física, Mohamed HADDAD entró en huelga de hambre el 22 de diciembre de 2009.

Las autoridades españolas entregaron finalmente a Marruecos a Mohamed HADDAD, de 42 años y natural de Tetuán, después de haber estado un total de 39 días en huelga de hambre en el Centro de Extranjeros de Algeciras, para reclamar el asilo político. La entrega a las autoridades marroquíes se realizó en la tarde del 30 de enero de 2010, cumpliendo una resolución de expulsión dictada por el Ministerio del Interior. El marroquí fue trasladado desde Algeciras hasta Ceuta y, posteriormente, a la frontera ceutí, donde se hizo cargo de él la gendarmería del país vecino.

La entrega de este se llevó a cabo después de que el marroquí hubiese tenido que ingresar en el servicio de urgencias del hospital clínico de Algeciras, por una bajada de tensión de azúcar, debido al deterioro en su estado de salud (29/01/2010).

El marroquí se declaró en huelga de hambre el 22 de diciembre de 2009 en el CETI de Ceuta, del que posteriormente fue trasladado a mediados de enero al Centro de Internamiento de Algeciras, donde continuó con su protesta. El hombre inició la huelga de hambre en señal de protesta ante la decisión del Ministerio del Interior de denegarle el asilo político. Mohamed HADDAD manifestó que sus dos hijas, una de tres años y la otra de cinco, junto a su esposa, a quienes vio en Ceuta en noviembre de 2009, estando estos afincados en Madrid, eran el motivo de su empeño por obtener la residencia en España, donde ya había vivido durante catorce años.

En un comunicado en su día, la familia de este lamentaba las condiciones difíciles del marroquí y pedía la mediación del Ministerio del Interior por la profunda preocupación debido al agravamiento en el estado de su salud. La familia de HADDAD solicitó la liberación de este para evitar una tragedia, así como que se le documentara como solicitante de asilo.

Mohamed HADDAD recibió la notificación de la denegación de su solicitud de asilo y la orden de expulsión el 2 de diciembre de 2009, casi seis meses después de haberla formalizado. En septiembre de 2009, y habiendo transcurrido los sesenta días desde que pidiera asilo, este solicitó la autorización que, según la Ley de asilo anterior (1984), le correspondía para permanecer en España, mientras se tramitaba su solicitud. La Audiencia le notificó el trámite, pero no le dieron ninguna documentación. Entre tanto, un mes después, el 15 de octubre de 2009, el Congreso aprobaba la nueva ley de asilo y, con ella ya en vigor, unos días después le fue denegada la solicitud.

G) En las inmediaciones de la estación de Alcalá de Henares, no solo apareció la furgoneta Kangoo, sino también un segundo vehículo.

Tres meses después de la masacre del 11-M, se encontró, a escasos 20 metros de donde se había localizado la furgoneta Kangoo el 11 de marzo, un vehículo **Skoda Fabia** con matrícula 3093-CFK, en el que, al parecer, se encontraron varios perfiles genéticos de supuestos terroristas, entre ellos el de **Allekema LAMARI**, uno de los suicidas del piso de Leganés, considerados por el CNI como uno de los cerebros de la masacre.

De acuerdo con la Fiscalía, el vehículo habría transportado terroristas y bombas el 11 de marzo, aunque fue imposible demostrar que el Skoda estuviera en Alcalá la misma mañana de los atentados. No se obtuvo una sola prueba gráfica de su presencia en Alcalá el 11-M, a pesar de los múltiples testimonios gráficos existentes. Los vecinos no recordaron la presencia del vehículo hasta fechas recientes a su aparición, es decir, hasta tres meses después del 11-M. La policía que estuvo rastreando la zona y comprobando matrículas, tampoco encontró dicho vehículo el 11-M ni en días posteriores, a pesar del exhaustivo "peinado" de la zona.

De hecho, no existió una sola consulta del vehículo a la base de datos de la policía, en los días 11 y 12 de marzo, cuando se hicieron nada menos que 400 con-

sultas en dicha zona. Tampoco tiene ningún sentido que a un terrorista se le ocurriera utilizar un vehículo robado y denunciado por dos hechos delictivos previos sin doblar siquiera las matrículas.

El vehículo Skoda Fabia fue robado en Benidorm seis meses antes de la masacre. Estuvo implicado en un robo con intimidación en Alcorcón, el 11 de septiembre de 2003, constatando la policía que se trataba de un vehículo robado. El 22 de octubre de 2003, fue denunciado por marcharse sin pagar de una gasolinera, también en Alcorcón. Finalmente, el vehículo permaneció aparcado durante tres semanas en la avenida de Bruselas de Madrid, donde fue multado hasta 11 veces, y fue un policía nacional, escolta de un magistrado residente en la zona, quien recibió a su vez la información del coche por medio de un portero. El vehículo desapareció en diciembre de 2003, y lo más probable, como es lógico, es que miembros de la policía lo retirasen del lugar.

En el interior del maletero, se encontraron unas ropas, cuyo análisis dio como resultado la detección de ADN perteneciente a Allekema LAMARI, uno de los terroristas que, supuestamente, participó en los atentados y que, poco más de un año antes, había sido puesto en libertad por "error judicial". Sin embargo, no se encontró sorprendentemente ni una sola huella de LAMARI en el interior del vehículo.

Allekema LAMARI fue detenido en 1997, en una operación policial contra una célula del Grupo Islámico Armado (GIA), grupo que no tiene ninguna vinculación con el 11-M, de acuerdo con la propia sentencia. **Fue condenado en 2001 por la Audiencia Nacional a 14 años de prisión por pertenencia a banda armada y, posteriormente, el Tribunal**

Supremo le rebajó la condena a nueve años y medio en junio de 2002, al considerar que la Audiencia no había motivado suficientemente las razones por las que imponía las penas más graves previstas.

Sin embargo, la misma sección tercera de la Audiencia Nacional lo puso en libertad "por error" 25 días antes de recibir la sentencia del Supremo. Ninguno de los tres jueces implicados en su puesta en libertad "por error" recuerda el porqué de su decisión. El presidente de la Sala de lo Penal de la Audiencia Nacional, Javier GÓMEZ BERMÚDEZ, en un extenso informe al Consejo General del Poder Judicial, calificó la excarcelación de LAMARI, como "un error sin paliativos". Finalmente, el Consejo General del Poder Judicial no tomó ninguna medida disciplinaria contra ninguno de los magistrados, a pesar de la "oficialísima peligrosidad" de LAMARI.

No existe, además, el menor rastro de contactos entre Allekema LAMARI, uno de los suicidas del piso de Leganés, con el resto de islamistas que se suicidaron en ese mismo piso. Sus huellas dactilares fueron encontradas en dos libros árabes en el piso de Leganés y su ADN se encontró igualmente en dicho piso, en sus restos biológicos, en una bufanda a cuadros en la furgoneta Renault Kangoo y en el Skoda Fabia en prendas de vestir.

Finalmente, incluso la sentencia desestimó los argumentos de la Fiscalía y no asumió que en el vehículo Skoda Fabia hubieran viajado ni terroristas ni tampoco explosivos.

El Ministerio del Interior, a través del secretario de Estado de Seguridad, Antonio CAMACHO, se negó a proporcionarle al magistrado Juan del Olmo, las notas que el Centro Nacional de Inteligencia (CNI) hubiera transmitido a la Dirección

General de la Policía, a la Dirección General de la Guardia Civil o a cualquier otra autoridad u organismo de dicho Ministerio, relativas a Allekema LAMARI. Así consta en un escrito remitido a la Audiencia Nacional por la Secretaría de Estado.

El juez le había requerido todos los datos sobre este terrorista, presunto autor de la matanza del 11-M que se suicidó en Leganés, en los años 2003 y 2004, especialmente las que se habrían remitido el 6 de noviembre de 2003 y el 6 de marzo de 2004.

En su contestación, el secretario de Estado indica que la documentación relativa al período del 6 de noviembre de 2003 al 6 de marzo de 2004 no se encontraba en dicho Ministerio, ni en la Secretaría de Estado de Seguridad, ni en ninguna de las dos direcciones generales, de la Policía y de la Guardia Civil, a su llegada al Ministerio.

Pero el no del Ministerio del Interior al juez Juan del Olmo se refiere a las informaciones proporcionadas por el CNI sobre LAMARI, recibidas durante 2004. La Secretaría de Estado advierte que la materia requerida por el juez es una materia legalmente determinada como información clasificada y con el grado de secreto. Por este motivo, el organismo dirigido por Antonio CAMACHO concluye: "Por todo ello, y siendo permanente la voluntad de esta Secretaría de Estado de mantener y profundizar en una estrecha, real y efectiva colaboración con la Administración de Justicia, **no puedo acceder en este caso específico a su petición**, y tal y como necesariamente se desprende de las obligaciones que en este supuesto, me imponen las disposiciones legales".

Tras la negativa de Interior a facilitar los informes del CNI que obraban en su poder sobre Allekema LAMARI, el Ministerio Fiscal elevó un dictamen al juez de Instrucción: "Interesa que se solicite la desclasificación de todos los documentos que incluyan informes, comunicaciones, notas o cualquier otro dato, declarados secretos o reservados, relativos al suicidado en Leganés el 3 de abril de 2004, Allekema LAMARI". Pero la fiscal del caso va más allá de las iniciales intenciones del juez y reclama no solo datos de LAMARI. En su escrito incluye un listado con otros 68 nombres, de los que también pide que se desclasifique cualquier informe que haya en el CNI.

El juez, en su escrito, realiza un detallado informe jurídico sobre las razones que le amparan para pedir esta documentación a la Administración del Estado. Así, el juez hace suyo el listado aportado previamente por la fiscal sobre algunos de los suicidas, presuntos autores materiales, colaboradores de la matanza y otros investigados, hasta un total de 68 sospechosos.

En su auto, el juez ya advierte que, en el supuesto de tratarse de información que determine un riesgo personal, este Juzgado Central de Instrucción adoptaría las medidas conducentes a la aplicación de la Ley Orgánica 19/1994 de Protección de Testigos y Peritos en causas criminales. Así, el magistrado instructor de la causa por los 191 asesinatos del 11-M y por el atentado de Leganés, en el que, además de los siete terroristas suicidas, falleció un agente de los GEO, envió sendos escritos al Ministerio del Interior y al Ministerio de Defensa. En ellos, el instructor, además de pedir la desclasificación de secreto para todos los documentos policiales sobre los investigados, incorpora también los argumentos jurídicos para sostener que esos documentos solicitados no están amparados por la Ley de Secretos Oficiales. Entiende que, igualmente, pueden ser clave para resolver por completo ambos atentados terroristas.

H) Jamal ZOUGAM era uno de los propietarios de la tienda de telefonía móvil Jawal Telecom de Lavapiés, donde se vendió la tarjeta localizada en el teléfono móvil de la mochila de Vallecas. Se le consideró uno de los autores materiales de la matanza del 11-M y fue acusado de haber colocado una de las mochilas-bomba en los trenes. La Audiencia Nacional le impuso una condena como autor material del atentado y pertenencia a banda terrorista de 42 922 años de prisión. La sentencia fue confirmada por el Tribunal Supremo.

En 2000, se recibió una comisión rogatoria desde Francia, en la que se afirmaba que el teléfono de la casa de Zougam había aparecido en la agenda de un terrorista islamista de origen francés. Sin embargo, **cuando el juez francés Jean Louis BROUGNIERE se desplazó a Madrid el 12 de junio de 2001 para tomar declaración a ZOUGAM y a su madre resultó ser todo un error. El número que se había encontrado en la agenda era el 913974802, mientras que el de la casa de ZOUGAM era el 913774802. Por tanto, las investigaciones se debieron a un mero error judicial.**

Según declaración de ZOUGAM, en 2001, recordaba que un día se presentaron dos policías en su tienda e intentaron convencerle para que les proporcionara información sobre los árabes de Lavapiés, prometiéndole todo tipo de beneficios. Al negarse este, los policías cambiaron a un tono amenazante. Asimismo, manifestó que, unos meses después, registraron su casa para asustarle, por la comisión rogatoria que había sido enviada desde Francia. Según este, ya lo tenían como sospechoso y fue investigado en distintas diligencias policiales. Sus teléfonos fueron intervenidos hasta la misma víspera del 11-M y los informes policiales echaron mano, sin ningún rubor, de esa "comisión rogatoria francesa" para justificar que era un terrorista islámico.

Debido a las contradicciones, solo quedaron dos testimonios que acusaban a ZOUGAM y los dos provenían de dos amigas rumanas que viajaban juntas. En aquel momento, la descripción que aportaron era muy somera: individuo de un metro con ochenta centímetros de estatura, de complexión física media que llevaba un bolso. Pero esa misma descripción se fue precisando días después, cuando la policía le muestra a la testigo una serie de fotos entre las que esta reconoce a ZOUGAM (cabello hasta los hombros, nariz más bien gruesa, labio inferior más grueso que el superior, etcétera). También, fueron cambiando sus declaraciones sobre otros detalles, como la posición de este en el vagón del tren. Al cabo de un año, la testigo recordó que el sospechoso la empujó, justificando así el porqué recordaba su rostro y fue, entonces, cuando por primera vez manifestó que viajaba con una amiga, la cual se convirtió así en la segunda testigo acusatorio contra ZOUGAM. Es decir, que hizo falta que transcurriera todo un año para que la primera testigo recordara que viajaba con una amiga.

Si analizamos el comportamiento de Jamal ZOUGAM hasta el momento de su detención, observamos una serie de imprudencias realmente sorprendentes:

- Utilizó una tarjeta SIM en venta en su propio establecimiento para confeccionar la bomba de Vallecas.
- Dejó esa tarjeta SIM en el teléfono, **a pesar de que esta no era necesaria para el uso de la función de despertador.**
- Prosiguió su actividad normal hasta el día de su detención, en la tarde del 13 de marzo de 2004, a pesar de que, desde el 12 de marzo por la mañana, ya se conocía el hecho de la desactivación de ese artilugio explosivo y, por tanto, a partir de ese mismo momento, ZOUGAM tenía que sospechar que los investigadores tenían en su poder una tarjeta SIM que les conduciría hasta él.

I) En la finca de Morata de Tajuña se encontró una sudadera de Othman EL GNAOUI. Este realizó allí trabajos de acondicionamiento, llevados a cabo en la última semana de febrero de 2004 y que finalizaron días más tarde, el 2 o 3 de marzo.

En su declaración en el juicio, este manifestó que, cuando llegó a la finca, ya estaban hechos los habitáculos rectangulares en el suelo del cobertizo. Asimismo, que la Guardia Civil vigilaba la casa constantemente, asegurando que nunca contribuyó en actividad delictiva alguna de manera consciente y que él mismo se presentó ante la Policía tras los atentados, para contar que había conocido a Jamal AHMIDAN en la finca de Morata de Tajuña.

Othman tenía el teléfono móvil pinchado por un asunto de tráfico de drogas. Por ello pudo saberse que el 29 de febrero de 2004 habló con Jamal AHMIDAN y fue a su encuentro, supuestamente llevándole un arma y un coche más. Pero antes de los trabajos de acondicionamiento realizados en la finca por Othman, este no tenía llamadas registradas con El Chino, luego no debía ser de mucha confianza.

Othman no conocía a Jamal AHMIDAN antes de llegar a Morata de Tajuña. Jamal era una persona desconfiada, no es lógico, por tanto, que confiase en una persona a la que apenas conocía desde hacía un mes.

A Othman se le han atribuido las ropas que aparecieron en una obra muy cerca de la estación de Vicálvaro, pese a que en estas se encontró ADN de varias personas, afirmándose que las usó el día de los atentados. En cambio, su perfil genético encontrado en la sudadera apareció mezclado con el de Rifaat ANOUAR y en las prendas aparecieron también restos genéticos de Mohamed OULAD AKCHA y Abdennabi KOUNJAA, todos ellos suicidas del piso de Leganés.

Los testigos no identificaron la fotografía de Othman, ni tan siquiera con dudas, a pesar de que su cara es muy característica.

Además, según la defensa de Othman, Jamal AHMIDAN le dijo a este que se iban a encontrar en la entrada de Madrid y, en ningún caso, en Burgos. Sigue diciendo que lo del "clavo chico" se lo dijo Jamal a los demás y no a Othman, que no tenía por qué saber lo que significaba dicha expresión. Asimismo que, en cuanto al transporte de explosivos, Othman solo sabía que Jamal había hecho un viaje, pero desconocía el motivo de este y qué podía traer a Madrid.

La mañana del 11 de marzo de 2004, un trabajador de una obra situada muy cerca de la estación de Vicálvaro, observó cómo una persona se quitó una sudadera y un pantalón, dejándolos debajo de una caseta de obra. **Al testigo le pareció que era español y que tenía la tez clara y el pelo corto. Sin embargo, uno de los guardias civiles señaló en su declaración ante el juez, que el testigo dijo haber visto a un chico de raza árabe.**

Resulta sorprendente que un terrorista después de cometer unos atentados de esa índole, tras colocar una bomba en uno de esos trenes, cometiera la imprudencia de dejar su ropa tirada al lado de la estación, llena de huellas y restos de ADN.

Finalmente, la Audiencia Nacional condenó a Othman EL GNAOUI como autor material de los atentados y pertenencia a banda terrorista, sentencia confirmada por el Tribunal Supremo.

J) El dueño de la finca de Morata de Tajuña, Mohamed NEEDL ACAID, que actualmente cumple condena por integrar una célula de Al-Qaeda en España, aseguró que cuando fue detenido en 2001, la Policía no se interesó por la finca y por eso no se registró la casa en esa fecha.

Asimismo, manifestó que, cuando se enteró de que en la casa, supuestamente, se habían montado las bombas que explotaron en los trenes del 11-M, no se lo podía creer, estaba muy sorprendido.

Según consta en el sumario, el primer contrato de alquiler con fecha de 2002 estaba a nombre de Mustafá MAYMOUNI, preso en Marruecos por los atentados de Casablanca en 2003, y el segundo contrato figuraba a nombre de Youssef BEN SALAH, identidad falsa que, supuestamente, utilizó el suicida Jamal AHMIDAN, para alquilar la finca en 2003.

La agente de la UCIE con número profesional 68 866, referente al registro de dicha finca, recordaba que le llamó la atención un zulo hecho en el suelo que estaba perfectamente recubierto. La Policía aseguró que se encontró munición y soportes de tarjetas SIM. "Había detonadores quemados en la casa", matizó la agente, quien aseguró que el registro con perros no dio resultado positivo.

Los restos de explosivos recuperados en el registro de la finca de Morata de Tajuña el 26 de marzo de 2004 fueron los siguientes:

- Bolsa número 17: restos de cinco detonadores eléctricos explosionados y quemados.
- Bolsa número 18: fragmento de cable unifilar, etiqueta adhesiva de UEB y chapa metálica cuadrangular con el número 2 perforado.
- Bolsa número 19: restos de dos etiquetas de la empresa UEB.
- Bolsa número 20: tres bolsas de plástico.

K) **El sirio nacionalizado español Ayman MAUSSILI KALAJI es el propietario de la empresa Test Ayman S.L. que liberó los teléfonos móviles que acabaron en manos de los terroristas del 11-M, una semana antes de los atentados. Además, en aquel momento era policía nacional en ejercicio.**

Según declaró ante el tribunal, donde compareció como testigo, trabajó en la Unidad Central de Información Exterior de la Policía (UCIE) hasta 1993. Es ingeniero técnico de telecomunicaciones y tiene formación militar.

Actualmente, está jubilado. Admitió que conocía a muchos agentes de la UCIE, incluidos inspectores y comisarios que también lo conocen a él. Su vínculo con esta unidad no terminaba ahí, ya que en la UCIE también trabajaba un familiar suyo como traductor.

Cuando fue preguntado por si tenía conocimientos de electrónica, respondió afirmativamente, añadiendo que era ingeniero técnico de telecomunicaciones.

Igualmente, se formó como militar en Siria antes de venir a España y, además, realizó un curso de seis meses en una academia militar en Rusia.

L) En la muestra catalogada como M-1, recogida de uno de los focos de las explosiones que se produjeron en el tren que saltó por los aires en la estación de El Pozo, se detectó nitroglicerina, nitroglicol, nitrato amónico y di nitrotolueno (DNT). Todos ellos son componentes de algunos tipos de Titadyn, explosivo habitualmente utilizado por ETA. Sin embargo, contrariamente a lo que afirma la versión recogida en el sumario, ni el DNT ni la nitroglicerina forman parte de la Goma 2 ECO. Por lo tanto, este no pudo ser el explosivo que utilizaron los terroristas.

El perito Antonio IGLESIAS, que revisó durante un año todas las analíticas de los explosivos e hizo un informe de 500 páginas, que ha depositado en el Colegio de Químicos para someterlo a controversia entre sus colegas, insistió en que tanto la nitroglicerina como el DNT detectados en el único resto de los focos que pudo ser analizado son componentes del Titadyn y, en ningún caso, de la Goma 2 ECO.

Antonio IGLESIAS fue uno de los expertos químicos que analizó para el Tribunal del 11-M los restos de las explosiones, elaborando un exhaustivo informe en el que descarta que los terroristas empleasen la dinamita robada por la trama asturiana y afirma que, en al menos uno de los focos, estalló algún tipo de Titadyn.

El macro informe de este perito considera "altamente probable" que la mochila bomba de uno de los focos de la estación de El Pozo, el número tres, contuviera Titadyn.

Para llegar a esa y otras conclusiones relevantes, repasó a lo largo de casi 500 páginas todos los análisis de la pericial efectuada en el laboratorio de la Policía Científica, en un informe registrado en el Colegio Oficial de Químicos de Madrid.

La muestra que analizaron en la pericial eran 3,5 gramos de polvo de extintor de color rojizo, recogido junto a uno de los vagones. **Los expertos coincidieron en que esa muestra, designada como M-1, tenía "un especial interés analítico", puesto que reunía las mejores características para ofrecer resultados de garantía. No solo actuó como absorbente de las sustancias que estallaron, sino que era la única muestra que los Tedax no habían lavado en sus análisis iniciales.**

El informe señaló que la presencia conjunta de cuatro componentes en la muestra M-1 permitía discriminar el tipo de dinamita utilizado en el foco de donde fue extraída. Dos de esos elementos son comunes tanto a la Goma 2 ECO como al Titadyn (nitrato amónico y ditritoetilénglicol). Los otros dos, en cambio, no forman parte de la Goma 2 ECO y sí del Titadyn (dinitrotolueno y nitroglicerina). Ante estos hechos, Antonio IGLESIAS consideró altamente probable que en el foco número tres de El Pozo hubiera estallado Titadyn.

M) **Los trenes fueron desguazados entre el 13 y 14 de marzo de 2004, tan solo 48 horas después de la matanza.**

La destrucción de pruebas es un delito. La Ley de Enjuiciamiento Criminal, en su artículo 326, establece que cuando el delito que se persiga haya dejado vestigios o pruebas materiales de su perpetración, el juez instructor ordenará que se recojan y conserven para el juicio oral si fuere posible.

En el atentado de Barajas de la T-4, seis meses después, cientos de coches yacían a la espera del desguace. De un solo foco de explosión se extrajeron 200 muestras. En cambio, en los atentados del 11 de marzo de 2004, **de doce focos de explosión tan solo se extrajeron 23 muestras y todas ellas, menos una, fueron lavadas con una disolución de agua y acetona que eliminó alguno de sus componentes.**

N) Emilio LLANO ÁLVAREZ, el vigilante de Mina Conchita, exculpado de su participación en los trágicos atentados del 11-M y que pasó dos años en la cárcel acusado de haber facilitado la dinamita a los autores de ese crimen, falleció la noche del martes 2 de noviembre de 2010, en el Hospital Central de Oviedo, a consecuencia de un cáncer a los 50 años.

LLANO ÁLVAREZ se encontraba en trámite de solicitar una indemnización por los dos años que pasó en prisión por la acusación de la que finalmente fue absuelto. El fiscal solicitaba en la fase de instrucción cinco años de cárcel para el vigilante de Mina Conchita, sobre la que se afirmaba que había un descontrol absoluto que favoreció la desaparición de los explosivos que sirvieron para cometer el atentado islamista.

Todos los amigos presentes en el acto fúnebre coincidieron al señalar que la tragedia a que se vio sometida la familia tras los atentados del 11-M, por los que pasó 22 meses en prisión preventiva, pudo haber sido determinante en el origen de la enfermedad oncológica que acabó con su vida. Ya parecía que su vida se había normalizado y había reanudado su actividad laboral, cuando apareció el tumor que se lo llevó para siempre.

Ñ) El 3 de abril de 2004, Francisco Javier TORRONTE-RAS GADEA, subinspector de los GEO (Grupo Especial de Operaciones), de 42 años, estaba con su esposa ultimando detalles en la casa que se acababa de comprar en Guadalajara, en la misma ciudad donde está el cuartel general del GEO.

A media tarde sonó el timbre de su teléfono móvil. Era el comisario jefe de su unidad que le pedía que se reincorporase de inmediato a su puesto porque en Madrid estaba ocurriendo un hecho muy grave. Además, buena parte de los integrantes de la unidad estaban de vacaciones y otra parte estaba realizando una operación en Andalucía.

Cuando los GEO iban a asaltar la vivienda de los terroristas que se encontraban en el piso de Leganés, estos provocaron una potente explosión que hirió a varios GEO. Un trozo de metal lanzado por la onda expansiva segó la arteria femoral de una de las piernas de TORRONTERAS, causándole la muerte.

Quince días después, durante la madrugada del lunes 19 de abril de 2004, la tumba de Francisco Javier TORRON-TERAS fue profanada por dos o más sujetos, que accedieron subrepticiamente al Cementerio Sur. Los desconocidos se dirigieron al nicho todavía no identificado, donde descansaban los restos mortales del agente fallecido. Entonces, retiraron la lápida y extrajeron el ataúd haciendo palanca con algunas herramientas, entre ellas un pico y una pala.

Luego, trasladaron el féretro a una zona de nichos vacíos, situada en uno de los extremos del cementerio, a más de 600 metros de la tumba profanada. Según información policial, dada la distancia y que el camino es cuesta arriba, los profanadores emplearon una carretilla de obra para el traslado. A unos 15 metros de una de las tapias que limitan el camposanto, **rociaron el cuerpo con gasolina y le prendieron fuego. Antes de esto, le clavaron un pico en la cabeza y una pala en el pecho**.

Según fuentes policiales, una vez cumplido su propósito, los autores volvieron sobre sus pasos y, antes de abandonar el lugar, colocaron en su sitio la lápida que tapaba la entrada del nicho, como si allí no hubiera pasado nada, sin duda para tratar de hacer más complicada la labor de identificación de los restos profanados. A raíz del hecho, el cadáver parcialmente quemado fue trasladado al Instituto Anatómico Forense, donde se certificó que esos restos calcinados correspondían efectivamente al difunto.

Al otro día de ocurridos los hechos, el Ministerio del Interior emitió un comunicado donde presentó como hipótesis más probable **que se trataba de una venganza promovida por islamistas radicales.** Según esta fuente oficial, los autores habrían llevado a cabo una labor de vigilancia previa del lugar del enterramiento y de los turnos de vigilancia, antes de llevar a cabo la profanación.

La Policía estaba convencida de que la tumba del GEO, asesinado por los siete terroristas del 11-M que se suicidaron en Leganés, al verse acorralados por la Policía, fue profanada por personas del entorno de los fanáticos islamistas.

El motivo de aquella nauseabunda profanación, habría sido la venganza porque los cuerpos de sus allegados permanecían insepultos, 15 días después de sus muertes, en contra de la tradición funeraria musulmana.

Al parecer, según fuentes de la investigación, una serie de instrucciones para profanar los cuerpos de los enemigos fueron encontradas en un video contenido en el disco duro del ordenador, descubierto en la casa en la que se suicidaron siete de los terroristas del 11-M. Este hallazgo afianzaba, aun más, la hipótesis de que las personas que, en la madrugada del 19 de abril de 2004, sacaron el cuerpo del policía del ataúd, lo desfiguraron con un pico y una pala y lo quemaron, eran muy cercanas a los autores materiales de la masacre y, probablemente, incluso tuvieron acceso a ese ordenador, supuestamente perteneciente al jefe de la célula Serhane BEN FAKHET, El Tunecino.

El concepto coránico sobre el trato dado a todo musulmán una vez fallecido es que ningún ser humano tiene atribuciones para ejercer venganza sobre otro u otros que obren, contraviniendo la ley divina respecto de los fieles difuntos, ya que, desde ese momento, quedan bajo la protección de Dios y, por tanto, es él, Alá, quien se reserva el

castigo a los que eventualmente violan el ritual funerario u otras normas del Corán.

La ley islámica es muy estricta respecto a la prohibición de mutilar o dañar los cadáveres. Una vez muerto, el cadáver pasa a estar bajo la protección de Dios, lo que implica que los seres humanos no pueden dañarlo ni profanarlo bajo ningún concepto, y mucho menos como un acto de venganza.

La tumba fue profanada y el cadáver mutilado, deformado y quemado hasta quedar irreconocible, desapareciendo una mano, desapareciendo la manera de identificarlo de forma visual. Se dijo que a este cadáver quemado y mutilado se le aplicó la prueba del ADN y que determinó que era el de Francisco Javier TORRONTERAS. Pero, entonces, cabe preguntarse para qué se molestarían los autores de dicha profanación en destrozar los rasgos faciales, en quitar las señales de identidad dactilares, así como quemarlo, arriesgándose a ser descubiertos por culpa del fuego.

No se dispone de información sobre la prueba del ADN, más allá de un resultado citado de forma tangencial por algunos medios. No es lógico que no se diera información de si la hicieron comparándola con una muestra previa de ADN del GEO o si citaron para cotejar con el ADN de un familiar directo. **Posteriormente, se informó que el cadáver ya quemado, pero conservado en parte, iba a ser incinerado. A partir de ahí, silencio sepulcral.**

Condenas y absoluciones

La Audiencia Nacional, en sentencia 65/2007 de 31 de octubre, dictó las siguientes condenas y absoluciones a los procesados por su relación con los atentados del 11 de marzo de 2004.

Condenados

- **José Emilio SUÁREZ TRASHORRAS**, como responsable en concepto de cooperador necesario de 192 delitos de homicidio terrorista consumados en concurso ideal con dos delitos de aborto, 1991 delitos de homicidio terrorista en grado de tentativa, cinco delitos de estragos terroristas y como autor de un delito de falsificación de placas de matrícula de vehículo automóvil, con la atenuante de anomalía psíquica, a las penas de 25 años de prisión por cada delito de homicidio terrorista consumado, 15 años de prisión por cada delito de homicidio terrorista en grado de tentativa y 10 años de prisión por cada uno de los cinco delitos de estragos terroristas (total 34 715 años de prisión).

- **Jamal ZOUGAM**, como responsable en concepto de autor de un delito de pertenencia a banda armada, organización o grupo terrorista, 191 delitos de homicidio terrorista consumados en concurso ideal con dos delitos de aborto, 1856 delitos de homicidio terrorista en grado de tentativa y cuatro delitos de estragos terroristas, a las penas de 12 años de prisión por pertenencia a banda armada, 30 años de prisión por cada delito de homicidio terrorista consumado, 20 años de prisión por cada delito de homicidio terrorista en grado de tentativa y 15 años de prisión por cada uno de los cuatro delitos de estragos terroristas (total 42 922 años de prisión).

- **Othman EL GNAOUI**, como responsable en concepto de autor de un delito de pertenencia a banda armada, organización o grupo terrorista, 191 delitos de homicidio terrorista consumados en concurso ideal con dos delitos de aborto, 1856 delitos de homicidio terrorista en grado de tentativa, cuatro delitos de estragos terroristas y como cooperador necesario de un delito de falsedad en documento oficial con fines terroristas, a las penas de 12 años de prisión por pertenencia a banda armada, 30 años de prisión por cada delito de homicidio terrorista consumado, 20 años de prisión por cada delito de homicidio terrorista en grado de tentativa, 15 años de prisión por cada uno de los cuatro delitos de estragos terroristas y dos años de prisión por la falsedad en documento oficial (42 924 años).

- **Hassan EL HASKI**, como responsable en concepto de autor de un delito de pertenencia a banda armada, organización o grupo terrorista, cualificado por su condición de dirigente, a la pena de 15 años de prisión.

- **Basel GHALYOUN, Fouad EL MORABIT ANGHAR, Mouhannad ALMALLAH DABAS, Saed EL HARRAK, Mohamed BOUHARRAT, Youssef BELHADJ y Mohamed LARBI BEN SELLAM,** como responsables en concepto de autores cada uno de un delito de pertenencia a banda armada, organización o grupo terrorista, a la pena de 12 años de prisión para cada uno de ellos.

- **Rachid AGLIF y Abdelmajid BOUCHAR**, como responsables en concepto de autores cada uno de un delito de integración en banda armada, organización o grupo terrorista y otro de tenencia o depósito de sustancias explosivas, a las penas para cada uno de ellos de 12 años de prisión por la pertenencia y seis años de prisión por el segundo.

- **Hamid AHMIDAN**, como responsable en concepto de autor de un delito de pertenencia a banda armada, organización o grupo terrorista, y otro contra la salud pública por tenencia preordenada al tráfico, en cantidad de notoria importancia de sustancias que causan grave daño, a las penas de 12 años de prisión por el primero y 11 años de prisión y cuatro millones de euros de multa por el segundo.

- **Rafa ZOUHIER**, como responsable en concepto de autor de un delito de tráfico o suministro de explosivos en colaboración con organización terrorista, a la pena de 10 años de prisión.

- **Abdelilah EL FADOUAL EL AKIL**, como responsable en concepto de autor de un delito de colaboración con banda armada, organización o grupo terrorista, a la pena de 9 años de prisión.

- **Nasreddine BOUSBAA y Mahmoud SLEIMAN AOUN**, como responsables en concepto de autor de sendos delitos continuados de falsificación de documentos oficiales, a la pena de tres años de prisión.

- **Raúl GONZÁLEZ PELÁEZ**, como responsable en concepto de autor de un delito de suministro de explosivos, a la pena de cinco años de prisión.

- **Antonio Iván REIS PALICIO y Sergio ÁLVAREZ SÁNCHEZ**, como responsables en concepto de autores de sendos delitos de transporte de explosivos, a la pena de tres años de prisión.

ABSUELTOS

- Antonio TORO CASTRO, Carmen TORO CASTRO, Emilio LLANO Álvarez, Mohamed y Brahim MOUSSATEN, Rabei Osman EL SAYED AHMED (El Egipcio), Javier GONZÁLEZ DÍAZ e Iván GRANADOS PEÑA, todos ellos absueltos de los delitos por los que venían acusados.

- La sentencia 65/2007 de 31 de octubre dictada por la Audiencia Nacional fue impugnada por el Ministerio Fiscal, dos asociaciones de víctimas y por particulares.

- Estos recursos fueron revisados por el Tribunal Supremo, en vistas celebradas los días 30 de junio de 2008, 1 y 2 de julio del mismo año, que con fecha 17 de julio de 2008, dictó sentencia número 503/2008, rectificando lo siguiente:

- Procede absolver de los delitos por los que venían condenados a los acusados: Basel GHALYOUN, Mouhannad ALMALLAH DABAS, Abdelilah EL FADOUAL EL AKIL, y Raúl GONZÁLEZ PELÁEZ.

- Procede asimismo absolver al acusado Othman EL GNAOUI, del delito de falsedad en documento oficial, manteniendo la condena por los demás delitos.

- Procede absolver al acusado Hamid AHMIDAN, del delito de tráfico de drogas que causan grave daño a la salud y procede condenarlo por delito de tráfico de drogas que no causan grave daño a la salud.

- Procede condenar al acusado Mohamed LARBI BEN SELLAM, como autor de un delito de pertenencia a organización terrorista, a la pena de 9 años de prisión.

- Procede condenar al acusado Hassan EL HASKI, como autor de un delito de pertenencia a organización terrorista, en grado de dirigente, a la pena de 14 años de prisión.

- Procede condenar a los acusados Nasreddine BOUSBAA y Mohamed SLIMANE AOUN, como autores de un delito continuado de falsedad en documento oficial, a la pena de dos años de prisión.

- Procede condenar al acusado Antonio TORO CASTRO, como autor de un delito de tráfico de explosivos, A LA PENA DE CUATRO AÑOS DE PRISIÓN.

CONCLUSIÓN

En los requisitos internos que debe cumplir toda sentencia penal, se determina que esta debe ser **MOTIVADA, clara, NO CONTRADICTORIA, terminante, exhaustiva y congruente.**

La motivación es el requisito constitucional, cuya infracción da lugar **a la vulneración de la tutela judicial** y consiste en exponer las razones que justifican el contenido absolutorio o condenatorio del fallo.

La motivación fáctica viene recogida en el antecedente de los hechos probados, **en el que se indican los hechos con relevancia jurídica, y los elementos y pruebas que han dado lugar a su convicción.** De forma explícita debe contener: **hechos probados relevantes jurídicamente, de forma clara, CONTUNDENTE, TERMINANTE y NO CONTRADICTORIA.**

En el presente trabajo he argumentado cada una de las contradicciones e incongruencias encontradas en los hechos probados de la sentencia 65/2007 de 31 de octubre, dictada por la Audiencia Nacional. **Por lo que se pone en seria duda los elementos y pruebas que dieron lugar a la convicción de las razones que justificaron el contenido absolutorio o condenatorio del fallo. De este modo, se puede afirmar**

que hay una infracción clara a la motivación, como uno de los requisitos internos que debe cumplir toda sentencia penal, dando lugar a la vulneración de la tutela judicial.

Además de lo anteriormente expuesto, si como establecen las leyes, la motivación debe contener hechos probados relevantes jurídicamente, de forma clara, CONTUNDENTE, TERMINANTE y NO CONTRADICTORIA, cabe preguntarse, entonces, cómo es posible que unos hechos que contienen numerosas contradicciones e incongruencias, algunas de ellas de suma importancia, han podido ser considerados por un juez como probados.

Igualmente, existieron unas irregularidades en el nombramiento de D. Salvador Francisco Javier GÓMEZ BERMÚDEZ, como presidente de la Sala de lo Penal de la Audiencia Nacional, donde se juzgaron los atentados cometidos en Madrid el 11 de marzo de 2004.

El Pleno de la Sala de lo Contencioso-Administrativo del Tribunal Supremo dictó sentencia con fecha 29 de mayo de 2006, en la que se estimó el recurso contencioso- administrativo interpuesto por la representación de D. José Ricardo DE PRADA SOLAESA, como impugnación del RD.1826/04 de 30 de julio, por el que se nombra presidente de la Sala de lo Penal de la Audiencia Nacional a D. Salvador Francisco Javier GÓMEZ BERMÚDEZ.

D. José Ricardo DE PRADA SOLAESA se incorporó a la Audiencia Nacional en 1990, como magistrado titular de la Sección Segunda de la Sala de lo Penal. Es miembro de la Asociación Jueces para la Democracia, miembro del Instituto de Derechos Humanos de Estrasburgo y se encuentra calificado por la Unión Europea como experto de esta en asesoramiento en cooperación internacional. Asimismo, era uno de los candidatos que optaban a la plaza de presidente de la Sala de lo Penal de la Audiencia Nacional.

El Tribunal Supremo, en dicha sentencia, anulaba el nombramiento del magistrado D. Javier GÓMEZ BERMÚDEZ como presidente de la Sala de lo Penal de la Audiencia Nacional por insuficiencia de la motivación última de la decisión sobre la adjudicación de la plaza, resultando de esta irregularidad formal un vicio procedimental con trascendencia invalidante, por privar a esa decisión de un elemento indispensable para alcanzar el fin que le es propio.

En los fundamentos de derecho de la citada sentencia, se establece que, si bien existe una plena legitimidad constitucional de la amplia libertad de apreciación de que goza el Consejo General del Poder Judicial (CGPJ), a la hora de efectuar nombramientos como el descrito, **dicho margen no puede implicar en modo alguno que la decisión sobre la cobertura de una plaza vacante devenga fruto de un voluntarismo inmotivado y carente de cualquier posibilidad de control**. En este sentido, la propia Ley Orgánica del Poder Judicial (LOPJ), en su artículo 137, establece que los acuerdos de los órganos del Consejo siempre serán motivados, principio general del que no se hace ninguna exclusión.

En resumen, de lo contenido en los citados fundamentos de derecho se desprende que, para la cobertura de dicha plaza, no encuadrada como de libre designación, no se tuvieron en cuenta los principios constitucionales de mérito y capacidad, al ocupar dicho candidato seleccionado el puesto número siete en la terna de nueve aspirantes a la plaza y, además, la Comisión de Calificación del CGPJ no emitió un informe razonado sobre las circunstancias individuales de los aspirantes incluidos en su inicial relación o posteriormente añadidos. Ese informe debe hacer visibles los criterios y razones que han guiado su selección, de manera que quede constatado que el sentido de su propuesta guarda coherencia con esas razones y criterios. **La emisión de este informe, omitido en el trámite, se exige como un elemento esencial del procedimiento de adjudicación de la plaza, puesto que es a través de este como los miembros del Pleno adquieren los principales datos precisos para formar su propio criterio y orientar de forma libre y responsable el sentido de su voto.**

Finalmente, a pesar de la anulación de dicho nombramiento por el Tribunal Supremo, el CGPJ, cuya finalidad es garantizar la independencia de los jueces en el ejercicio de la función judicial, mantuvo a D. Javier GÓMEZ BERMÚDEZ como presidente de la Sala de lo Penal de la Audiencia Nacional.

Aquel trágico jueves 11 de marzo de 2004, diez explosiones en aquellos cuatro trenes de la red de cercanías de Madrid acabaron con las vidas de 191 inocentes que se disponían como cualquier otro día en su jornada laboral a coger uno de esos trenes para acudir a sus puestos de trabajo y centros docentes. Resultaron heridas 1857 personas y miles de familias quedaron marcadas para siempre por aquella tragedia.

El subinspector de los GEO, Francisco Javier TORRONTERAS, murió en acto de servicio por aquella explosión en el piso de Leganés la tarde del 3 de abril de 2004. Quince días después, su tumba fue profanada y su cuerpo desfigurado, mutilado y quemado, desconociéndose hasta el momento la autoría de un hecho tan cruel.

Los atentados del 11 de marzo de 2004 se convirtieron en el atentado de mayor gravedad, no solo en la historia de nuestro país, sino en toda la Unión Europea. **Por este motivo, en**

toda Europa fue elegido ese mismo día 11 de marzo, como el Día Europeo en Homenaje y Recuerdo a las Víctimas del Terrorismo. En cambio, y de manera sorprendente, en nuestro país, el Parlamento declaró el 27 de junio como día para el homenaje y recuerdo a las víctimas del terrorismo. Su justificación fue que un 27 de junio de hace 50 años la banda terrorista ETA cometió su primer asesinato, matando a una niña de 22 meses en 1960.

Rememorar lo ocurrido no supone reabrir heridas. Por el contrario, recordar es un acto de respeto, de justicia y de dignidad.

Por suerte, aquel trágico 11 de marzo de 2004 no perdí a ningún familiar o amigo en aquella matanza. Pero, ante un hecho tan grave como este, no podemos permitirnos el perder algo tan importante como es la empatía.

Sin saber el porqué, cuando mi mujer se quedó embarazada hace 27 meses, escribiendo estas últimas palabras para concluir mi trabajo con fecha de hoy, 11 de diciembre de 2011, fue cuando, por encima de esas dudas que siempre había albergado, sentí la necesidad de estudiar los hechos acaecidos aquel trágico día. Para ello, accedí a la sentencia 65/2007 dictada por la Audiencia Nacional el 31 de octubre de 2007 y comencé con su lectura. Al poco tiempo, comprendí que lo jurídicamente relevante eran los hechos probados de la sentencia. Entonces, me centré en el estudio de estos. Hice varias lecturas sobre lo ya leído, realizando subrayados y anotaciones, llegando a un desmenuzamiento de los hechos probados de la sentencia, así como del contenido condenatorio y absolutorio y las transcripciones de las declaraciones en el juicio de los testigos y procesados, ante las preguntas del Ministerio Fiscal y de las Acusaciones Particulares. Arribé a numerosas contradicciones y algunas incongruencias, todas ellas bien argumentadas.

Toda la información que me ha servido para confeccionar el presente trabajo está contenida en Internet. Con lo cual, si finalmente consigo su publicación, cualquier lector podrá comprobar por sí mismo desde su domicilio que todas esas contradicciones son ciertas y no se trata, por tanto, de un mero razonamiento, hipótesis o teoría.

Soy un mero agente del cuerpo de la Policía local, un ciudadano más de este país y padre de una niña de 18 meses, que el año pasado se subió a un autobús el 11 de marzo y, después de cinco horas, una vez en Madrid, comprobó cómo no solo la capital de España, sino la ciudadanía en general, habíamos olvidado completamente un hecho tan grave en la historia de nuestro país.

Después de estos dos años de estudio, y una vez terminado el trabajo, tengo el convencimiento de que todas las contradicciones e incongruencias halladas en este ponen en seria duda los elementos y pruebas que sirvieron para dar convicción a las razones que justificaron las condenas y absoluciones de dicha sentencia, por lo que, a partir de este momento, comienzo un camino de entrevistas con personas que espero puedan ayudar a la celebración de un segundo enjuiciamiento en este país o fuera de este. Si no fuera posible, al menos con su publicación, espero que pueda servir como instrumento jurídico para que personas mucho más inteligentes y capacitadas que el que suscribe, puedan conseguir la revisión de la fundamentación de dicha sentencia, así como para todas aquellas asociaciones de víctimas del 11-M que llevan muchos años luchando para que lo ocurrido en aquella matanza, que marcó para siempre las vidas de miles de personas, no quede en el olvido y sea posible, algún día, acercarnos a la verdad sobre todo lo relacionado con los atentados ocurridos en Madrid el 11 de marzo de 2004.

ÍNDICE

Editorial LibrosEnRed

LibrosEnRed es la Editorial Digital más completa en idioma español. Desde junio de 2000 trabajamos en la edición y venta de libros digitales e impresos bajo demanda.

Nuestra misión es facilitar a todos los autores la **edición** de sus obras y ofrecer a los lectores acceso rápido y económico a libros de todo tipo.

Editamos novelas, cuentos, poesías, tesis, investigaciones, manuales, monografías y toda variedad de contenidos. Brindamos la posibilidad de **comercializar** las obras desde Internet para millones de potenciales lectores. De este modo, intentamos fortalecer la difusión de los autores que escriben en español.

Nuestro sistema de atribución de regalías permite que los autores **obtengan una ganancia 300% o 400% mayor** a la que reciben en el circuito tradicional.

Ingrese a www.librosenred.com y conozca nuestro catálogo, compuesto por cientos de títulos clásicos y de autores contemporáneos.